GLENN GOULD

Photographische Suiten

Glenn Gould, Nassau, Bahamas, Frühjahr 1956. Photographie von Jock Carroll

GLENN GOULD

Photographische Suiten

Mit einem Essay von Attila Csampai,

einem Interview von Tim Page

und einer Diskographie von Michael Stegemann

SCHIRMER/MOSEL

MÜNCHEN · PARIS · LONDON

Der Verlag dankt Herrn Bruno Monsaingeon, Paris,
und Mr. Stephen Chellew, Toronto, für
ihre freundlich gewährte Unterstützung beim
Zustandekommen dieses Buches.

Der Abdruck des Interview-Textes Glenn Gould/Tim Page
erfolgt mit freundlicher Genehmigung des Verlags R. Piper
GmbH & Co. KG, München; © 1992, aus dem Amerikanischen
übersetzt von Hans-Joachim Metzger.

© dieser Ausgabe 1995 by Schirmer/Mosel München
Dieses Werk ist urheberrechtlich geschützt. Sämtliche Arten der
Vervielfältigung oder der Wiedergabe dieses Werkes oder von
Teilen hiervon – wie insbesondere der Nachdruck von Text oder
Bildern, der Vortrag, die Aufführung und die Vorführung – sind nur
im Rahmen der gesetzlichen Bestimmungen zulässig. Dies gilt
auch für alle sonstigen Arten der Nutzung, wie z. B. die Übersetzung,
die Entnahme von Schaubildern, die Verfilmung und die Sendung.
Zuwiderhandlungen werden verfolgt.

Die Deutsche Bibliothek – CIP-Einheitsaufnahme
Glenn Gould:
photographische Suiten / mit einem Essay von
Attila Csampai, einem Interview von Tim Page und einer
Diskogr. von Michael Stegemann. – München; Paris;
London: Schirmer/Mosel, 1995
ISBN 3-88814-736-0
NE: Csampai, Attila

Lithos: Repro Bayer, München
Satz: Uhl + Massopust, Aalen
Druck und Bindung: EBS, Verona

ISBN 3-88814-736-0
Eine Schirmer/Mosel Produktion

INHALT

Attila Csampai

Allein auf meinem Planeten

Glenn Gould, der Mystiker des kybernetischen Zeitalters

»I me mine«
GEORGE HARRISON

»Am glücklichsten war Glenn als Kind, wenn er mit seinem Boot auf dem Lake Simcoe herumfuhr und sein Hund Nick vorne auf dem Vorderdeck saß ...«
RUSSELL HERBERT GOULD

Ein merkwürdiger, bizarrer Zauber geht noch heute von den Schallplatten Glenn Goulds aus. Seine Töne klingen so still, so vergeistigt, so unwirklich und synthetisch, als wären es Signale aus einer fremden, menschenleeren Welt, in der alle äußeren Anzeichen des Lebens, einer blühenden Natur, erloschen sind, so daß er, als einer der wenigen übriggebliebenen Schattenexistenzen auf seinem toten Planeten, in der Finsternis vor sich hin brummen und summen muß, um sich bemerkbar zu machen, um akustisch zu reklamieren, daß hier ein Mensch, ein hoffnungslos Einsamer, am Werk ist.

Gould haßte nichts mehr als die physische Kälte, die aber von innen kam, von seinem tief verängstigten Herzen, und die seine Hände so starr werden ließ, daß er sie regelmäßig minutenlang in kochend heißes Wasser tauchen mußte, um sie wieder gelenkig zu machen: Denn sie waren das Werkzeug, der Schlüssel zu den Mysterien seiner Phantasie, die ihm als einzige Schutz boten vor den Zwängen und Bedrohungen einer in seinen Augen zügellos triebhaften, genußsüchtigen, irrational-hohlen Welt. Sie hatte ihn ins grelle Rampenlicht einer sensationshungrigen Öffentlichkeit gezerrt und ihn nicht mehr in Ruhe gelassen, seit er sein abgeschirmtes Klavierkinderzimmer im Garten seines Elternhauses verließ. Aber genau dieses unstillbare Verlangen, in Ruhe gelassen zu werden, das er schon als Kind verspürt hatte, um in der anonymen Dunkelheit seines Klavierzimmers klammheimlich entfliehen zu können in das in sich kreisende Planetarium seines inneren Universums und wegzutauchen in die Ekstasen des unendlichen musikalischen Kontrapunkts, nährte in ihm zugleich das Gefühl der Hingezogenheit zu einem solchen menschenleer-öden, arktisch-unbelebten Zufluchtsort des Alleinseins und der Kontemplation. Denn nur hier, in der totalen, selbstgewählten Isolation einer inneren Eiswüste, die seine Sinne lähmte, seine Seele einfror, glaubte er mit Hilfe seiner ungeheuren mentalen Willenskräfte die Metamorphose, die Selbstverwaltung, den intergalaktischen Sprung schaffen zu können zu seiner geistigen Befreiung und seiner Entmaterialisierung: dann, wenn seine bohrenden schizophrenen Bewußtseinsspannungen sich auflösten in den unendlich ausschwingenden kosmischen Kontrapunkt.

Gould war nach Bach der größte Mystiker des Kontrapunkts, denn die strenge Mehrstimmigkeit gewährte seinem mehrfach in sich gespaltenen, schutzlosen Geist die Möglichkeit, die auseinanderstrebenden, kranken Doppelungen seines Ichs, also die, wenn man will, kontrapunktischen Strukturen in seinem Kopf einem musikalischen Ordnungsprinzip zu unterwerfen und sie so zu bändigen, zu humanisieren und in artifizielle Energie zu verwandeln. Darum kann man sich gelegentlich bei späteren Bach-Aufnahmen Goulds des Eindrucks nicht erwehren, daß er neben aller ausgeklügelten Detailarbeit auch einem inneren Bedürfnis folgt und sich fast triebhaft innerlich aufgestaute Energien vom Leib spielt: Und so wären denn seine überaus anstrengenden, nicht enden wollenden Nachbearbeitungsrituale, die für seine Mitarbeiter durchaus sadistische Züge annahmen, nur eine weitere der vielen Strategien Goulds, um die stark ausgeprägten zwanghaft-obsessiven Seiten seines Charakters, die er selbst nicht wahrhaben wollte, zu bemänteln. Er war ja, auch als Pianist, insbesondere im Studio, ein Meister der Fälschung, der synthetischen Manipulation, der Täuschung, und kannte auf diesem heiklen Feld keine Moral und duldete keinerlei Grenzen.

So vollzog der Mensch und der Künstler Gould in einer Zeit, die dafür eigentlich noch nicht reif war, mit staunenswerter (und doch erschreckender) Konsequenz eine Persönlichkeitsentwicklung, die Erich Fromm als verhängnisvolle Entwicklung vom autistisch veranlagten Kind zum modernen »kybernetisch-monozerebralen Charakter« und damit zur höchsten Stufe menschlicher Lebensentfremdung gedeutet hat. Im »Nekrophilie«-Kapitel seiner bahnbrechenden Spätschrift *Die Anatomie der menschlichen Destruktivität* schreibt Fromm:

»Charakteristisch für den monozerebralen Menschen ist (...) eine spezifische Art des Narzißmus, die das eigene Ich zum Objekt hat – seinen Körper und seine Fähigkeiten – kurz, das Ich als Instrument des Erfolges. Der monozerebrale Mensch ist so sehr Teil der Maschinerie, die er gebaut hat, daß seine Maschinen ebensosehr das Objekt seines Narzißmus sind wie er selbst; tatsächlich besteht zwischen beiden eine Art symbiotischer Beziehung. (...)

Ein anderer Wesenszug des kybernetischen Menschen – seine Neigung, sich auf routinemäßige, stereotype, unspontane Weise zu verhalten – findet sich in besonders drastischer Form bei vielen schizophrenen und neurotischen Stereotypen. Zwischen den schizophrenen Patienten und dem monozerebralen Menschen bestehen auffallende Ähnlichkeiten, vielleicht noch auffallender ist die Ähnlichkeit mit dem Bild, das autistische Kinder bilden (...). Nach Margaret Mahlers Beschreibung sind folgende Wesenszüge besonders kennzeichnend für das autistische Syndrom:

1. ein Verlust jener ursprünglichen Differenzierung zwischen lebender und lebloser Materie ..., den Monakov *Protodiakrise* genannt hat;
2. die Bindung an leblose Objekte, zum Beispiel an einen Stuhl oder ein Spielzeug, in Verbindung mit der Unfähigkeit, sich auf lebende Personen, besonders auf ihre Mütter, innerlich zu beziehen, die oft berichten, sie ›könnten an ihre Kinder nicht herankommen‹;
3. ein neurotischer Zwang, immer wieder das gleiche zu beobachten, das von Kanner als ein klassisches Merkmal des infantilen Autismus definiert wird;
4. der intensive Wunsch, in Ruhe gelassen zu werden (beim autistischen Kind ist ›das hervorstechendste Merkmal sein spektakulärer Kampf gegen jede Forderung nach menschlichem, sozialem Kontakt‹ [M. S. Mahler, 1968]);
5. die Benutzung der Sprache (falls diese Kinder überhaupt sprechen) zu manipulativen Zwecken und nicht als Mittel zur interpersonalen Kommunikation;
6. Margaret Mahler erwähnt noch einen weiteren Wesenszug, der (...) von besonderem Interesse ist: ›Die meisten autistischen Kinder zeigen eine relativ geringe libidinöse Besetzung der Körperoberfläche, was ihre hochgradig ungenügende Schmerzempfindlichkeit erklärt. Mit dieser ungenügenden Besetzung des Sensoriums geht eine mangelhafte hierarchische Schichtung und Bildung erogener Zonen mit ihren Folgeerscheinungen einher.‹ (M. S. Mahler, 1968)

Es braucht kaum besonders betont zu werden, daß diese Züge eng jenen entsprechen, die den kybernetischen Menschen kennzeichnen. Ich meine damit besonders die fehlende Unterscheidung zwischen lebendiger und unbelebter Materie, die fehlende Bezogenheit auf andere Menschen, die Benutzung der Sprache zur Manipulation anstatt zur Kommunikation und das vorwiegende Interesse am Mechanischen statt am Lebendigen. Diese Wesenszüge sind – wie bereits angedeutet – auch für den kybernetischen Menschen charakteristisch.« (Erich Fromm, *Die Anatomie der menschlichen Destruktivität*, Stuttgart 1974, S. 396ff.)

Gould hätte, nach allem, was man heute über frühkindliche Pathologien weiß, von Beginn seiner Existenz an ein Musterfall sein können für ein hochkomplexes psychologisches Krankheitsbild, das wohl die Genese als auch den inneren Konnex unterschiedlichster Symptome in nahezu exemplarischer Prägnanz deutlich macht, hätte er nicht das Glück gehabt, als gefeierter Jungstar seinen kindlichen Autismus praktisch ungefährdet in das für solche Betrachtungen weitgehend tabuisierte »Reich der reinen Kunst« hinüberretten zu können: Er lebte fortan in jenem realitätsfremden Olymp der völligen Narrenfreiheit und konnte diese krankhafte Egozentrik, Beherrsch- und Kontrollsucht im Rahmen seiner nächtlichen Studio-Schattenexistenz ungehindert ausleben, geschützt von der Unantastbarkeit seines eigenen Kunst-Mythos, den er bereits mit seiner ersten Schallplatte, den *Goldberg-Variationen* von 1955, dauerhaft zementiert hatte.

So hatte es der kanadische No-Name-Pianist am 11. Januar jenes entscheidenden Jahres 1955, bei seinem New Yorker Debut-Konzert, tatsächlich der Augenblickseingebung des Columbia-Direktors David Oppenheim zu verdanken, der ihm, ohne ihn zu kennen, einen Schallplatten-Vertrag anbot, daß er weitere 27 Jahre lang die Krankheit seiner Seele menschlich und musikalisch pflegen und der Welt so viele Rätsel und verschlüsselte kosmische Botschaften bescheren konnte, anstatt gleich wieder, wie es für solche radikalen Exzentriker vorgesehen ist, im Strudel der eigenen narzißtischen Katastrophen nach unten gezogen zu werden. Also mag in Goulds niederträchtiger These, Mozart sei eher »zu spät« denn zu früh gestorben, ein Schuß verkappter Selbsterkenntnis mitschwingen, denn es ist schon aus der Distanz von wenigen Jahren nicht leicht nachvollziehbar, wie ungehindert und ungeschützt Gould über viele Jahre hinweg sein wahnsinniges Leben in egozentrischer Isolation und planmäßiger Selbstzerstörung führen konnte, ohne daß ihn irgend jemand davon hätte abhalten können oder wollen. Daß Gould als »Kultfigur« trotzdem eine solche mythische Dimension zuwachsen konnte, belegt mehr als alles andere die prophetische, antizipatorische Qualität seines Martyriums: Er gab der Welt, zumindest der modernen Industriegesellschaft der ersten und zweiten Welt, ein Beispiel für ihre eigene sozialpsychologische Entwicklung, für Fromms »Pathologie der Normalität«, die die rasant zunehmende Vereinsamung und Isolation des Menschen in der Gesellschaft als ganz normales Phänomen, als besondere Ausprägung des Zeitgeistes hinnimmt und deshalb die vormals utopischen musikalischen Botschaften Goulds als besänftigenden Widerhall ihrer eigenen Seelenbefindlichkeit wahrnimmt, ja als schöne Droge, die diese flaue Vorahnung der Unabwendbarkeit zumindest mit erhabenen Tönen adelt, das grandiose Gefühl der Einsamkeit vermittelt.

So vermehrt sein rätselhaftes synthetisches Geklimper noch die existentielle Leere um ihn herum und gewährt auch dem Zuhörer eine seelische Sicherheitszone, vergrößert die innere Distanz zwischen ihm und der Welt und gibt jedem, der dafür empfänglich ist, ein merkwürdig starkes Gefühl der Geborgenheit, des ungestörten Seelenfriedens und einer alles Materielle abweisenden reinen Spiritualität und Wahrhaftigkeit, einer Philosophie in Tönen. Diese Welt des reinen, in Klang gesetzten Gedankens birgt keine emotionalen Überraschungen mehr in sich, die anderen Lebensimpulsen entsprängen; man kann sich als gestreßter Zuhörer also sorglos dieser Beruhigungspille, dieser Befriedungsaktion überantworten. Die sanfte, unendlich dahinplätschernde musikalische Fließbewegung des *basso continuo* darf nur keinen Augenblick lang innehalten, denn das risse uns, die verzauberten, gebannten Zuhörer, sofort aus unseren Träumen, unserer Versenkung. Daher war Bachs Musik die einzige, die Gould ernstlich spielen konnte und spielen mußte, um unsere unruhigen Seelen zu besänftigen und uns diese alten Strukturen wie neue Botschaften aus dem Jenseits einer anderen Galaxis erscheinen zu lassen. Es waren Botschaften aus einer zukünftigen Welt der Vernunft, der kalten Herzen ohne Haß und Leidenschaft. Diese Welt hatte längst aufgehört zu atmen.

1. FLORENCE's BABY – DAS GENIE IM MUTTERLEIB

»Ich werde Konzertpianist.«
G. G., IM ALTER VON FÜNF JAHREN

»Seine Mutter war ein ziemlicher Drachen.«
ROBERT FULFORD, EIN NACHBARSKIND

Es war einmal ein kleiner Junge, der wollte nicht erwachsen werden. Seine Eltern, einfache, freundliche, gläubige Leute, wußten von Anfang an, daß sie ein Genie hervorgebracht hatten, und sie erfüllten dem Jungen jeden Wunsch und schirmten ihn vor der Welt ab, nur um seine Talente nicht zu beeinträchtigen. Und so errichtete er in seinem eigenen kleinen Klavier-Spiel-Haus, das sein Vater für ihn allein hatte erbauen lassen, damit er bis in die späte Nacht ungestört üben konnte, sein Reich der Phantasie, in dem er ganz allein mit seinen vielen Tieren herrschte wie auf seinem eigenen Planeten. Für andere Menschen war da kein Platz – die Menschheit hatte sich in seiner Phantasie längst durch atomare Zerstörung selbst ausgelöscht –, sondern nur für Tiere, die friedlich miteinander lebten und alle die Sprache der Musik, also ihres Herrn, verstanden. Viele Jahre später, als der kleine Junge sehr alt geworden war und noch immer nicht erwachsen und er vom Fernsehen gebeten wurde, einen Film über seine Heimatstadt zu machen, da ging er in den Zoo und sang den Elefanten ein Lied von Gustav Mahler vor: *»Ich bin der Welt abhanden gekommen.«* Er war sich sicher, sie würden ihn verstehen.

Als seine Mutter, eine Klavierlehrerin, noch mit ihm schwanger ging – sie war schon über vierzig, und es sollte nach einigen Fehlgeburten ihr lang ersehntes erstes Kind werden –, da vertraute sie ihrer besten Freundin an, daß er »Glenn« heißen und ein Pianist werden würde, »ein ganz großer, ich weiß es«. Und ihre Augen blitzten dabei. Während der Schwangerschaft spielte sie fast unentwegt Klavier, um seine Musikalität zu fördern.

Als der Winzling alt genug war, um sich auf den Knien seiner Großmutter aufrecht zu halten, durfte er ans Klavier. Bald hatte seine Mutter herausgefunden, daß er das absolute Gehör besaß, und mit drei gab sie ihm regelmäßig Klavierunterricht. Am liebsten hatte es der Knabe, wenn sie mit ihm ein Ratespiel spielte, bei dem er Melodien erraten mußte, denn er hatte ein geradezu photographisches Musik-Gedächtnis: Jede einmal gehörte Tonfolge, jedes Stück Notentext, das er einmal gesehen hatte, prägten sich ihm für immer ein, und er konnte sein unheimliches Gedächtnis jederzeit abrufen. (Später, als er bereits das Einsiedlerleben einer Kultfigur genoß, machte er sich einen Spaß daraus, andere, musikalisch weniger gebildete Menschen mit solchen Ratespielen regelrecht zu quälen.) Sein erster Flügel, ein alter Kasten, der nie besonders gut klang, wurde zu seinem engsten Spielgefährten und zum wichtigsten Lebensmittel und Werkzeug seiner kindlichen Phantasie und Kreativität, die blanke Klaviatur zur Zauberbühne seiner Vorstellungskraft, obwohl er zunächst kaum in der Lage war, seinen Kopf über diesen Horizont seiner Existenz zu halten. Doch als dies endlich gelang, konnte er sich selbst aus allernächster Nähe, fast schon im physischen Kontakt seines Kopfes mit der Tastatur, beim anmutigen Tanz seiner kleinen Finger zuschauen, die wie eine Herde dressierter Lebewesen den strengen Befehlen seines kindlichen Gehirns folgten. Nur so konnte diese seltsame Intimität zwischen seinem Kopf, seinen Fingern und der Tastatur in seiner Vorstellung jene gigantische Dimension annehmen und seine ganze Existenz ausfüllen. In diesen Momenten spürte er den distanzlosen Urkontakt zum Universum, zu seiner eigenen Existenz, zur pränatalen Geborgenheit der Nacht, die er sein ganzes Leben lang suchte.

Gould konnte, und das war Fluch und Segen seiner künstlerischen Existenz, nur in dieser Säuglingsstellung und mit dem Kopf so nahe wie möglich an den Tasten seinen musikalischen Dämon aktivieren und in das Mysterium des Kontrapunkts eindringen, in einer Spielposition, die nicht nur orthopädisch äußerst unbequem anmutete, sondern die auch spieltechnisch alle bisherige Unterrichtspraxis und alle Erkenntnis über die optimale Körperhaltung und Position der Hände vollständig ignorierte. Auch später, als er körperlich ausgewachsen war, konnte er in dieser Position eines Bis-zum-Kopf-unter-Wasser-Stehenden nie seine volle Körperenergie beim Klavierspielen aktivieren, sondern mußte alle Kraft aus seinen viel zu weit oben, in Kopfhöhe agierenden Händen schöpfen, was ein wirkliches vollgriffiges romantisches Fortissimo unmöglich machte. Dies mag seine Aversion gegen die meisten Romantiker nicht unwesentlich gefördert haben, auch wenn er gegen Liszt, Schumann, Chopin, Rachmaninow und andere stets »ästhetische« Einwände ins Feld führte. Gould verstand es vortrefflich, rein persönliche Antipathien mit »sachlichen« Argumenten zu bemänteln. Er war, auch in seinem grenzenlos bornierten musikalischen Weltbild, ein Meister der Täuschung und Irreführung.

Was für das »Wunderkind« Glenn ein natürliches Handicap der begrenzten Körpergröße war, wurde für den heranwachsenden Jugendlichen zu einem existentiellen Problem, das ihn unter ungünstigeren Umständen früh seine Karriere hätte kosten können. Denn als sein Körper sich zu entwickeln begann, störte ihn das natürliche Wachstum bei seiner kindlichen Tasten-Intimität. Aus der normalen erhöhten Perspektive eines Erwachsenen wäre es für ihn nicht mehr möglich gewesen, seinen spezifisch »embryonalen« Kontakt zum Klavier aufzunehmen, der eine deutlich tiefere Augenhöhe knapp über der Klaviatur voraussetzte. Es gab nur einen Ausweg: seinen alten Klavierstuhl, das wichtigste Relikt aus seiner abgeschirmten Kinderwelt, den er sein ganzes Leben lang mit sich herumschleppte wie Obelix seinen Hinkelstein, in Relation zu seinem Wachstum »tieferzulegen« – das heißt, da es sich nicht um einen spezifischen Klavierhocker mit verstellbarer Sitzfläche, sondern um eine Art alten Küchenstuhl handelte, diesem die Beine immer weiter abzusägen, bis die Sitzfläche auf eine Tiefe von etwa 35 cm über dem Boden abgesenkt war. Seine alte »Kinderposition«, die Augen knapp über den Tasten, war damit wiederhergestellt, freilich mit dem Problem, seine zu lang gewordenen Beine irgendwie seitlich wegspreizen zu müssen, wodurch er immer etwas windschief und mit stark gekrümmtem Rücken am Klavier saß und, wenn es ihm behagte, sogar die Beine übereinanderschlug, was bei den meisten Konzertbesuchern als demonstrative Geste übertriebener Lässigkeit und einer alle Anstandsgrenzen überschreitenden Exzentrik bewertet wurde. Die Optik des konzertierenden Jungstars Gould war ungewöhnlich und bot ein absurdes Bild; von Teilen des Publikums und insbesondere von den älteren Musikkritikern wurde es in hohem Maße als provozierend empfunden. Die tiefe Sitzposition, der schäbige alte Küchenstuhl, die überspannt wirkenden Gesten und die übereinandergeschlagenen Beine, all das überstieg bei weitem die Toleranzgrenzen, die zornige junge Genies in jener Autoritätskrise der Nachkriegszeit für sich beanspruchen konnten. Gould verschwand hinter dem riesigen Flügel wie ein Freak, ein körperlich Verunstalteter, er glich einem absurden Phantasiewesen aus einem Comic strip. So blieb er, bis zu seinem traurigen Ende, äußerlich die Karikatur eines Pianisten und das vollkommene Gegenbild zum auftrumpfenden Virtuosen und Tasten-Verführer. Er war der erste, der den neuen, gänzlich unromantischen Zeitgeist der Nachkriegsära, das weitverbreitete Gefühl der Leere und der Stille und der seelischen Müdigkeit, radikal auf die Ästhetik des Klavierspiels übertragen hat.

Wenn er spielte, verließ er eigentlich nie jene hermetische Kinderwelt, die seine Mutter übermächtig kontrolliert und beschützt hatte. Noch als gefeierter Weltstar mußte er sie auf den internationalen Konzertpodien immer wieder herstellen, als festgefügtes Ritual rekonstruieren, um die existentiellen Voraussetzungen zu schaffen für seine Art des Musizierens. Gould konnte seine Kreativität nur innerhalb seiner Kinderwelt entfalten. Folglich mußte er auch sein Kinderzimmer mit all seinen »zu Tode geliebten« Requisiten in die gleißenden Arenen des öffentlichen Interesses transportieren, wo er, bei seiner intimsten Beschäftigung, einem Heer von sensationsgierigen Gaffern und Voyeuren ausgesetzt war und wo sein Phantasiereich dem grellen Schein des theatralischen Exhibitionismus und der Profanität eines »primitiven« Unterhaltungsbedürfnisses ausgeliefert war. Das anwesende Publikum empfand er immer mehr als Bedrohung seiner hochsensiblen musikalischen Innenwelten. Er spielte ja niemals für eine konkrete Ansammlung von Zuhörern, es gab auch keinerlei emotionalen oder seelischen Kontakt zwischen ihm und seinem Publikum, den seine Musik als »Sprache der Seele« vermittelt hätte wie bei so vielen anderen Pianisten – nein, Gould musizierte immer für sich selbst, kreiste in sich selbst, in seinem inneren Universum und ließ nur die Vorbereiteten, geistig Gerüsteten teilhaben an seinen streng spirituellen musikalischen Handlungen, die von wenigen Ausnahmen abgesehen fast immer etwas Religiös-

Meditatives ausstrahlten, den Zuhörer wie beim Gottesdienst nur von innen erreichen konnten und ihn seelisch einbanden in ein gemeinsames Erlebnis.

Insofern war Gould der Mönch und zugleich der Hohepriester seines musikalischen Glaubens, mithin wirklich der »letzte Puritaner« der reinen Spiritualität, wie ihn sein fanatischer Bewunderer Bruno Monsaingeon ehrfurchtsvoll titulierte, ohne freilich zum Wesenskern des Gould'schen Weltbildes vorzudringen, in dem, in autistischer Unfehlbarkeit, das Dogma seiner begrenzten Musikauffassung stand: festzementiert und umgeben von meterhohen Mauern des eigenen Narzißmus, die keinen noch so intelligenten Widerspruch duldeten. Gould war immer nur der Prophet, Beschwörer und Ekstatiker seines monothematisch-kontrapunktischen und auch weitgehend monolithischen musikalischen Universums, demnach weniger ein Interpret im herkömmlichen Sinn, sondern ein Mystiker der kontrapunktischen Logik, der das Phänomen der abendländischen Mehrstimmigkeit als höhere Offenbarung wahrnahm, um die schmerzlichen Spaltungen seines eigenen Ichs kreativ zu verarbeiten, in ein dialektisches Relationsgefüge wechselnder Spannungen zu integrieren und damit zu ästhetisieren. Das wäre dann eine ganz ungewöhnliche Form der Sublimation, und die Frage bliebe, ob diese Autotherapie eine dauerhafte Linderung seiner Schizophrenie nach sich zog oder doch nur die Funktion einer Droge, einer Ekstase, eines Rauschzustandes gewährte, in den er regelmäßig mußte, um das für ihn so fremde »normale« Leben zu ertragen.

Für seine geradezu explodierende, wirklich märchenhafte Karriere in der Mitte der fünfziger Jahre war Goulds hermetische Egozentrik der denkbar beste Katalysator. Das noch immer seelisch paralysierte, verunsicherte und selbstquälerisch erfolgsorientierte Nachkriegspublikum und insbesondere die autoritätsmüde, desillusionierte junge Generation brauchten solche neuen, selbstsicher-abweisenden, coolen Leitfiguren, und so waren die ersten Presseresonanzen auf das neue exzentrische Jungidol Nordamerikas neben aller Entrüstung über sein Outfit, sein ungebührliches Bühnengehabe von tiefem Nationalstolz, insbesondere in Kanada selbst, durchglüht, endlich auch im Bereich der klassischen Kunst einen eigenen, einheimischen Helden der Welt bescheren zu können, der auch in seinen Ansichten keinerlei Furcht und Respekt kannte vor dem starren Lehrgebäude der »heiligen« kontinentalen Traditionen. Gould war ja der erste kanadische Künstler von Weltruf, und er ist es bis heute geblieben. Derart mit den Lorbeeren eines neuen Nationalhelden überhäuft, konnte Gould im Handstreich die Konzertpodien Europas erobern und dort beim Spielen ebenso relaxed die Beine übereinanderschlagen. Er mußte nicht einmal die dort noch strengeren Kulturhüter fürchten. Und als er selbst in Moskau, wo zuvor noch nie ein Kanadier spielen durfte, keinerlei Respekt zeigte vor dem versammelten »Politbüro« der versteinerten russischen Klavierschule, da wurde er, mehr noch als sein amerikanischer Konkurrent Van Cliburn, zum furchtlosen Klavier-Gladiator der gesamten »freien« Welt ausgerufen. Er war, kaum daß er die Fünfundzwanzig überschritten hatte, ein unverletzlicher, unantastbarer Mythos geworden. Die Welt wußte um sein Genie, und sie lag ihm zu Füßen, jetzt brauchte er sie nicht mehr.

Schon als Kind hatte er gewußt, daß er später ganz auf sich allein gestellt sein würde, er wollte auch niemals von irgend jemandem abhängig sein, am wenigsten von einem anonymen Publikum. Da er also alles aus sich selbst schöpfen mußte, hatte er bereits in den ersten Schuljahren panische Angst vor Krankheit und Schwäche und nahm schon damals alle möglichen Tabletten, was sich später zu einer selbstzerstörerischen Tablettensucht auswuchs. Denn er betrachtete seinen Körper schon immer als etwas Fremdes, außerhalb seines Gehirns Befindliches, das er auch seinem extrem starken Willen nicht so unterordnen konnte, wie er wollte. So zog er es vor, ihn wie eine Art chemisch-technische Apparatur zu begreifen, die er mit Medikamenten oder eben auch heißen Armbädern in die gewünschte Befindlichkeit bringen konnte, wie ein Auto oder irgendeine Maschine, die lediglich zu »funktionieren« hatte.

Goulds »offizieller« Biograph Otto Friedrich hat aus den »Bergen« von Zetteln und Notizbüchern in Goulds Nachlaß, auf denen er fast jede noch so nebensächliche Beobachtung akribisch vermerkte, die Liste jener Medikamente zusammengestellt, die der Hypochonder und Selbstheiler Gould ständig zu sich nahm: »Aldomet gegen hohen Blutdruck, Nembutal zum Schlafen, Tetrazyklin und Chloromyzetin gegen seine ständigen Erkältungen und Infektionen. Und Serpasil und Largostil und Stelazine und Resteclin und Aristocortsalbe und Neocortef und Zyloprim und Butazolidin und Bactra und Septra und Phenylbutazon und Methyldopa und Allopurinol und Hydrochlorothiazid. Und ständig, zusätzlich zu alledem, massenweise Valium.« Gould muß also eine ausgesprochen zähe Physis besessen haben, wenn er bei diesen Chemo-Cocktails fünfzig Jahre alt werden konnte. Seine wüste, nach heutigen Begriffen absolut selbstmörderische Tablettensucht entsprang der panischen Angst vor Krankheit und Hilflosigkeit, denn ein solcher Zustand hätte ihm die katastrophale Erkenntnis der *physischen Abhängigkeit von anderen, außerhalb seiner selbst wirkenden, nicht seiner Kontrolle unterworfenen Menschen und Kräften* beschert, etwas, wovor er sich noch viel mehr fürchtete als vor den fatalen Nebenwirkungen des Medikamentenmißbrauchs, die er nicht weiter ernst nahm, da er, wie gesagt, seinen Körper als eine Art chemische Apparatur ansah.

Zum Schutz seiner autistischen Kinderwelt war es aber unabdingbar, sein Leben lang an der fixen Idee festzuhalten, er könne alles, sich selbst und seine ganze Umwelt, der vollständigen Kontrolle seiner Ratio unterwerfen. So lebte er, unbeirrt von allen äußeren Einwänden, bis zu dem Tag, als sein Gehirn diesen Dauerstreß nicht mehr mitmachen wollte und kapitulierte. Das einzige Mittel, seine eigene Körperschwäche und Versagensangst zu bekämpfen, schien ihm das Streben nach Vollkommenheit in seiner Arbeit. Daher erschienen ihm schon früh Tonstudio und Schallplatte als die geeigneteren Felder, diese Perfektion herzustellen, als das viel mehr von seiner »Tagesform« abhängige und in seinen künstlerischen Resultaten weniger berechenbare Live-Konzert, das er auch aus ethischen Gründen verabscheute, weil er es haßte, wie ein dressierter Affe jeden Abend auf Kommando die gleichen Stücke spielen zu müssen. Er hatte ohnehin nie nachvollziehen können, daß für die meisten anderen Musiker und Sänger der Live-Kontakt zum Publikum fast das Wichtigste war, das ihnen nicht nur positive Energie gab, sondern sie künstlerisch beflügelte. Gould ordnete dies alles dem Bereich der puren Einbildung zu, es gab für ihn nichts außer dem Objektiv-Akustischen, außer dem meßbaren, technisch reproduzierbaren Klangprodukt, das ohne Publikum genauso existieren konnte wie die Vorstellung eines konkret spielenden Pianisten. Da ihm seelisch-emotionale Kontakte und menschliche Annäherungen jeglicher Art fremd und bedrohlich erschienen, bot ihm das öffentliche Konzertieren bald keinerlei neue Impulse für die Weiterentwicklung seiner künstlerischen Ziele. Es war fast eine logische Konsequenz seines bisherigen Weges, daß er sich 1964, praktisch auf dem ersten Höhepunkt einer märchenhaften Weltkarriere, aus der Öffentlichkeit zurückzog und fortan nur noch im Schallplattenstudio, später gelegentlich auch vor Fernsehkameras, arbeitete. Seine menschliche und künstlerische Weltflucht sollte komplett sein, eine perfekte Gestalt annehmen.

Und so begann Glenn Gould mit einunddreißig Jahren sein drittes Leben der künstlerischen Vervollkommnung in völliger, unsichtbarer Anonymität. Es führte ihn ein gutes Stück zurück in die abgeschirmte, dunkle, experimentelle Phantasiewelt seiner Kinderjahre. Jetzt endlich konnte er seine langgehegte Idee eines perfekten Gedankenprodukts in die Tat umsetzen. Denn er hatte sich nie als »Pianist« empfunden, sondern als schöpferischer Künstler des technischen Zeitalters, der unter Ausnützung aller Möglichkeiten der modernen Studiotechnik seine vielfältige Kreativität darauf verwendet, perfekte Endprodukte und nicht irgendwelche »Interpretationen« herzustellen. Gould hat damit als erster bedeutender Musiker den durch die Schallkonserve eingeleiteten Objektivierungsprozeß der musikalischen Aufführung radikal zu Ende gedacht und zu Ende geführt: Der alte Menschheitstraum vom ewigen Leben, von Frankensteins perfekten Menschen, hatte nun in Goulds Hirngespinst von der »endgültigen« Interpretation eine neue Variante gefunden. Und wie weiland der wahnsinnige Forscher Frankenstein berauschte sich auch Gould an der romantisch-infantilen Vorstellung, das wirklich Vollkommene müßte künstlich sein, synthetisch-artifiziell und »unecht«, denn nur die technische Montage sei in der Lage, das Original an Perfektion zu übertreffen. So wurde er zum Propheten der perfekten Illusion von Klavierspiel, denn er spielte fortan nur noch Bruchstücke von musikalischen Texten, die er dann höchst kunstvoll und aufwendig zu Klangbildern zusammenfügte und -klebte, die so niemals in Wirklichkeit zusammenhängend erklungen waren, und sein deutlich hörbares Mitsummen im Hintergrund diente dazu, die Irreführung des Zuhörers auf die Spitze zu treiben.

2. ›GLEN‹ IN THE BOX

»Das Alleinsein erfüllt mich so sehr,
daß die geringste Verabredung
für mich einer Kreuzigung gleichkommt.«
E. M. CIORAN

Bereits zu Beginn seiner Karriere im Jahr 1955 – also bald nach seinem New Yorker Debut – hatte Gould damit begonnen, seine Abneigung gegen das öffentliche Konzertieren Reportern gegenüber zum Ausdruck zu bringen. Er war zweiundzwanzig, stand am Anfang eines sensationellen Weltruhms und orakelte in aller Öffentlichkeit von seinem baldigen Rückzug. Er wollte lieber komponieren, vertraute er seinen verdutzten Befragern an, denn das Spielen vor Publikum bedeute ihm nicht viel: »Ich spiele lieber für mich selbst.« Als Gründe nannte er seine persönliche Abneigung gegen das Reisen und insbesondere das Fliegen (nach 1962 bestieg er kein Flugzeug mehr) und das für ihn künstlerisch entscheidende »Risiko der nicht perfekten Aufführung«. Seine künstlerische Rigorosität kam gut an bei der Presse, ebenso seine demonstrative Gleichgültigkeit gegenüber Erfolg und Ruhm: Sie förderten die Fama vom exzentrischen Genie mehr, als daß sie ihm schadeten. Aber es gab kaum einen, der Goulds Rücktritts-Prophetien ganz ernst genommen hätte. Bis er dann doch, freilich erst nach neun Jahren und nach zahllosen Absagen und ständigen Programmänderungen, seinem Dasein als Konzertpianist ein unwiderrufliches Ende setzte. Am 10. April 1964 in Los Angeles.

Den ersten Versuch in diese Richtung hatte er bereits Ende 1959 unternommen, als er infolge eines mysteriösen Vorfalls bei der Klavierfirma Steinway in New York sich monatelang unfähig fühlte, Klavier zu spielen, und alle Konzerte absagte. William Hupfer, der erfahrene Cheftechniker der Firma, soll Goulds Schulter so unsanft berührt haben, daß dieser sich ernstlich »verletzt« fühlte und Steinway auf 300 000 US-Dollar Schadenersatz verklagte. Alle anwesenden Zeugen bewerteten Goulds Verhalten als absurde und skandalöse Überreaktion, denn der als ruhig und besonnen geltende Mann hatte nach einer Meinungsverschiedenheit mit Gould über »professionelles Klavierstimmen« diesem lediglich freundlich die Schulter getätschelt, worauf sich Goulds Miene verdüsterte und er den folgenschweren Satz losließ: »Er hat mich verletzt.« Gould ließ Röntgenaufnahmen von seiner Schulter machen, konsultierte Internisten, Psychiater, Physiotherapeuten und sogar einen berühmten Neurologen, und keiner konnte irgendeine Verletzung feststellen. Daraufhin reiste er auf Empfehlung Eugene Ormandys nach Philadelphia und ließ sich dort von einer orthopädischen Kapazität seinen gesamten linken Arm plus die Schulter in Gips legen, und zwar für mehrere Wochen. Ein halbes Jahr nach dem »Vorfall« fühlte er sich einigermaßen wiederhergestellt und reichte im Dezember beim Bundesgericht Klage gegen Steinway ein. Neun Monate später zahlte Steinway dann stillschweigend die geforderte Summe, obwohl eigentlich nichts geschehen war. Man scheute den Skandal und wollte Gould behalten. Viele Jahre später, nach Goulds Tod, als sein Biograph Otto Friedrich die Geschichte zu rekonstruieren versuchte, sprachen alle Beteiligten, Zeugen wie Ärzte, von einer unerklärlichen »Hypochondrie« Goulds.

Mit Sicherheit hatte Gould damals Probleme mit seiner linken Hand, vermutlich aufgrund einer Nervenentzündung, die seinen vierten und fünften Finger stark beeinträchtigte, und er war infolge seines extensiven Konsums von schwersten Psychopharmaka – und zwar von Tranquilizern *und* Antidepressiva – ständig in einer äußerst labilen körperlichen Verfassung. So dürfte die ungebührliche Annäherung des ihm äußerst unsympathischen Klavierstimmers, der es gewagt hatte, ihm in künstlerischen Fragen zu widersprechen, ein willkommener Anlaß gewesen sein, diesem in ziemlich infamer Weise die »Schuld« an der eigenen Krankheit zuzuweisen. Es war nicht das einzige Mal, daß Gould eigene Probleme in einer solchen Weise zu verschleiern suchte. Aber es war sein menschlich niederträchtigster Versuch in dieser Richtung.

Noch mehr als seine ständigen körperlichen Beschwerden und Krankheitsängste dürften Goulds schwerwiegende psychische Probleme seinen Rückzug aus der Öffentlichkeit beschleunigt haben. Die gründliche Erforschung seiner seelischen Befindlichkeit ist durch den Mythos Gould und seine zahlreichen öffentlichen Wächter bis heute verhindert worden, als seien Einblicke in das Innenleben von

Genies grundsätzlich verwerflich. Gerade im Falle Goulds gäbe es da eine Vielzahl von Verknüpfungen und Abhängigkeiten zwischen Charakterstruktur und ästhetischen Zielen. Heute wissen wir, daß Gould nicht erst in reiferen Jahren, sondern schon am Anfang seiner Karriere, als Zwanzigjähriger, panische Angst vor anderen Menschen und vor großen leeren Flächen hatte und derart unter Platzangst und extremer Paranoia litt, daß ihm bereits der Gedanke, mit anderen Menschen zusammentreffen zu müssen, Übelkeit und Brechreiz verursachte. Schon damals hielt er sich am liebsten allein in dunklen Räumen auf. Die Angst, seine höchst fragile Identität zu gefährden und die eigene Intimität zu verlieren, ging so weit, daß er nicht einmal mit anderen Menschen gemeinsam etwas essen konnte, auch nicht mit seiner Mutter, da die Nahrungsaufnahme in Gegenwart anderer in ihm das schreckliche Gefühl völliger innerer Entblößung auslöste.

Der amerikanische Photograph Jock Carroll, der Gould 1956 auf einem dreiwöchigen Bahama-Trip begleiten und photographieren durfte, hütete fast vierzig Jahre lang das Geheimnis eines mysteriösen Telefongesprächs, das Gould im Herbst des Jahres mit ihm führte. Gould hatte ihm in diesem Telefonat vertraulich die sensationelle Nachricht seines bevorstehenden Rußland-Gastspiels mitgeteilt, dabei aber Hemmungen erkennen lassen:

»›Diese *Sache*, von der ich Ihnen erzählt habe‹, sagte er. ›Meine Eß-Hysterie. Sie wird immer schlimmer. Allein der *Gedanke* an die Rußland-Tournee – ich sehe schon vor mir, wie *Canadian Press* aus Moskau telegraphiert: GOULD ERBRICHT! Und ich sehe vor mir, was in Moskau auf mich zukommt – Botschafts-Diners, um die man sich nicht drücken kann – und diese Sache wird ständig schlimmer. Neulich zum Beispiel, da war im *Mayfair Magazine* ein Interview mit Oscar Berceller. Er wurde gefragt, was seine berühmten Gäste bei Winston's aßen. Chevalier aß gerne dies. Danny Kaye aß gerne das. Ich geriet in Panik. Ich stellte mir sofort vor, selber bei Winston's zu sein, und ich geriet in Panik! Die bloße Vorstellung, essen zu müssen, macht mir Angst.‹ All die kindliche Freude über die Rußlandreise war jetzt aus seiner Stimme verschwunden. Im Gegenteil, er wirkte fast hysterisch. Nach einer Pause fuhr er etwas langsamer fort: ›Das Unheimlichste ist, daß diese Sache immer größeres Ausmaß anzunehmen scheint. Erst war es nur Angst davor, in der Öffentlichkeit zu essen, aber jetzt ist es eine Angst vor jeglichem Zusammensein mit Menschen auf engem Raum, ganz egal wo – vor dem Kontakt mit anderen Leuten überhaupt.‹« (Jock Carroll, *Glenn Gould. Einige Portraits des Künstlers als junger Mann*, München 1995)

Am meisten haßte er öffentliche Auftritte außerhalb des Konzertsaals, also Gala-Diners oder Cocktail-Parties und all die anderen Publicity-Acts, die ein solcher Star einfach über sich ergehen lassen muß, um seine Attraktivität zu steigern. Gould geriet vor solchen Verpflichtungen regelmäßig in Panik: er fühlte sich restlos verunsichert, bloßgestellt und völlig wehrlos dem Zugriff anderer ausgeliefert. Wenn er auf dem Podium an seinem Flügel saß und spielte, konnte er diese Bedrohung durch die totale Konzentration auf die Musik überwinden, wenn er dagegen ganz mutterseelenallein den gierigen Blicken seiner Fans ausgeliefert war, mußte er sich mit aller Kraft auf etwas anderes konzentrieren, um die Situation zu überstehen. Er mußte die Flucht nach innen antreten, um seiner schrecklichen Menschenangst Herr zu werden. Nach seinem Rückzug vom Konzertpodium bestimmte er ganz allein seine Kontakte zu anderen Menschen: es waren zumeist festgefügte Arbeitskontakte, und Gould hatte diese Beziehungen stets völlig unter seiner Kontrolle. Er behielt sich vor, sie jederzeit ohne Begründung abzubrechen. Von nun an hatte er seine »Außenwelt« fest im Griff. Am liebsten verständigte er sich außerhalb seines unmittelbaren Arbeitsbereichs via Telefon mit den wenigen Menschen, an denen er interessiert war. So blieb ihm deren lästige physische Anwesenheit erspart.

In diesen letzten beiden Jahrzehnten seines Lebens verwandelte sich Gould zunehmend von einem Musiker in einen Tontechniker und Produzenten seiner eigenen musikalischen Schnittmuster. Er wurde zum unsichtbaren Meister der akustischen Montage, zum Propheten der technischen Manipulation von Musik. Das Zeitalter der unzulänglichen »Interpretation« von Musik sollte abgelöst werden durch die vollendeten Artefakte der modernen Studiotechnik. Gould glaubte fest daran, daß es möglich sein würde, musikalische Texte ein für allemal akustisch zu gestalten. Und er traute sich diese Rolle eines »Vollenders« zu. Daher gibt es von ihm außer den *Goldberg-Variationen* und zwei Mozart-Stücken kein Werk, das er zweimal einspielte.

3. DAS DOGMA DES REINEN KONTRAPUNKTS

Goulds musikalisches Planetarium war klein und unbelebt. Da gab es nur einen, der existierte, und das war er selbst. Und sogar diese Existenz des in fast allen seinen Aufnahmen unüberhörbar mitsummenden Gould war eine Täuschung, sollte den synthetischen Charakter seiner Musikdarbietung verschleiern, lebendigen Vollzug von Musik dort vortäuschen, wo alles künstlich zusammengesetzt war. Was hatte Gould, den selbsternannten Hyper-Perfektionisten und jedes Gefühl abschmetternden Anti-Romantiker, dazu gebracht, diese überdeutlichen Signale innerer Anteilnahme und eines fast schon vokalen Ausdrucksbedürfnisses »unzensiert« dem Hörer weiterzugeben, als handle es sich um insgeheime Live-Mitschnitte eines sich unbeobachtet wähnenden Pianisten? Wozu dieser akustische Exhibitionismus eines sonst von paranoiden Berührungsängsten geplagten Einsiedlers? Wie vertrug sich dieses unzusammenhängende Gebrabbel mit Goulds übersteigertem Objektivismus? Und warum hat bis heute keiner der so zahlreichen intellektuellen Bewunderer Goulds dieses Paradoxon seines musikalischen Wesens zu erklären, zu deuten versucht?

Weil es keine plausible Antwort darauf gab. Weil sie sich damit begnügten, es oberflächlich als Signale seiner Menschlichkeit, seiner Ekstase, seiner Wahrhaftigkeit zu nehmen, so wie eben besonders »musikalische« Pianisten ihre Umsetzung des Notentextes durch eine Art »inneres Mitsingen« besonders merklich und lebendig und »atmend« erscheinen lassen wollen. Aber wo gibt es bei Goulds zusammengesetzten musikalischen Artefakten so etwas wie natürliches Ein- und Ausatmen? Und was hätte er, als erklärter Feind aller emotionalen Emphase, wohl davon gehalten, wenn man ihn der Partei der sinnlich-expressiven »Ausdrucksmusiker« zugeschlagen hätte?

Man kann davon ausgehen, daß Goulds vokale Äußerungen beim Klavierspielen eher unbeabsichtigt geschahen, das hörbare Resultat von vegetativen Reflexen waren, die bei einem solchen hohen Konzentrationslevel, auf den sich Gould innerlich selbst fokussieren mußte, um seinen inneren »Musikfilm« abrufen zu können, unwillkürlich in Gang gesetzt und nicht bewußt vollzogen werden. Das dürfte der entscheidende Unterschied sein zwischen Goulds zusammenhanglosem Gebrabbel und dem inneren Mitsingen von Alfred Brendel oder Vladimir Ashkenazy oder vielen anderen. Als Gould noch Konzerte gab, empfanden es ja viele Zuschauer als unangenehm, daß Gould neben seinem Singsang auch körperlich von epileptisch anmutenden Bewegungen erfaßt wurde – die man ebenfalls als übertriebene agogische Gestik mißverstand und nicht als pure Körperreflexe höchster Konzentration. Ob Gould diese Nebengeräusche musikalisch als besonders schön oder originell empfand, wissen wir nicht. Jedenfalls scheint er sie als notwendiges Übel hingenommen zu haben, und da er nichts unternahm, um sie nachher akustisch zu eliminieren, müssen wir davon ausgehen, daß sie ihm als Signet seiner Persönlichkeit sogar willkommen waren, als eine Art akustischer Kennung oder Signatur seiner Produkte. Und sein Gesumme schmeichelte seinem Narzißmus, und es half ihm, den für ihn entscheidenden qualitativen Unterschied zwischen den »Interpretationen« eines x-beliebigen und *seinen* endgültigen Musikprodukten zu manifestieren. Hier hört der Konsument nicht mehr nur das Stück eines Komponisten in einer Aufnahme mit einem bestimmten Interpreten, nein hier beobachtet er, wird Zeuge davon, wie Glenn Gould Klavier spielt. Das heißt, der Akt der Interpretation rückt vor das Werk, der Interpret wird wichtiger als das, was er spielt.

4. BOTSCHAFTEN FÜR DIE EWIGKEIT

Rein ästhetisch betrachtet hat Gould den durch die Schallaufzeichnung eingeleiteten qualitativen Sprung des Interpretationsaktes vom »dienenden« Vollzug des Notentextes zum entscheidenden schöpferischen Akt in radikaler Konsequenz und Prophetie entscheidend vorangetrieben und so auch die Verdinglichung, Fetischisierung eines im Grunde auratisch-flüchtigen Phänomens (und Prozesses) durch dessen Artifizialisierung und Synthetisierung maßgeblich gefördert. Erst in Goulds »perfekten« und aus seiner Sicht künstlerisch vollendeten Schallprodukten nimmt musikalische Interpretation, auch im Sinne der Wertschöpfung, endgültig Warencharakter an, gerinnt zum käuflichen Objekt und beansprucht den Status eines autonomen Kunstwerks. Der »Geist«, die Botschaft, der Gehalt des Werkes wird ersetzt beziehungsweise überlagert von der (auch in Sachen Studiotechnik) schöpferischen Arbeit, Einmaligkeit und »Nähe« des Interpreten. Es geht nicht mehr darum, was »objektiv«, als schlummerndes Vermächtnis, in Mozarts oder Beethovens oder Bachs Partituren enthalten ist, sondern nur noch darum, wie Gould, dessen reale Anwesenheit ja stets akustisch mitdokumentiert ist, als Künstler diese Strukturen in seiner musikalischen Phantasie reproduziert, »durchlebt« und sie sozusagen in große akustische Steinplatten meißelt, ein für allemal.

Es dürfte kein Zufall gewesen sein, daß man ausgerechnet Goulds »auf Ewigkeit« angelegte Deutung des Präludiums und der Fuge in C-Dur aus dem 1. Band des *Wohltemperierten Klaviers* 1977 mit der amerikanischen »Voyager«-Sonde auf die unendliche Reise in fremde Galaxien losschickte, in der Hoffnung, diese »authentische« Botschaft des Planeten Erde könnte eines Tages einen Außerirdischen erreichen. Hat Gould vielleicht sein ganzes Leben lang, seinen inneren Stimmen folgend, nur für diese unsichtbaren Wesen gespielt, in der depressiven Hoffnung, nur die völlige Überwindung aller emotionalen Triebkräfte der Menschheit, also des »zerstörerischen« erotischen Prinzips, könne deren Fortbestand in selbstgewählter »stiller« Isolation gewähren? Spricht aus Goulds »asexuellen« akustischen Artefakten nicht die tiefe Sehnsucht nach eigener Körperlosigkeit, nach einer anderen, vergeistigten, entmaterialisierten, virtuellen Existenz, einer Art unsichtbarer schöpferischer Intelligenz in den elektronischen Netzen, oder zumindest der Wunsch, körperlich unantastbar perfekt zu sein, wie ein Android oder ein gutartiger Replikant aus einem Science-fiction-Film von Ridley Scott?

Die merkwürdige Paradoxie in Goulds Persönlichkeitsstruktur, nämlich paranoide Menschenscheu, vermischt mit einem seltsamen Hang zur Selbstdarstellung und Selbststilisierung und einem durchaus überheblichen und bornierten musikalischen Weltbild, das er freilich stets »wissenschaftlich« zu fundieren suchte, auch wenn er dabei den gröbsten Unsinn von sich gab – diese höchst widersprüchliche, und in sich zum Zerreißen gespannte Identität war das Resultat eines nie ernsthaft gefährdeten frühkindlichen Autismus und der daraus resultierenden vollständigen Abwehr von emotionalen Kontakten und Gefühlsbindungen. Er hatte nicht nur panische Angst davor, mit den Gefühlen, Interessen, Wünschen anderer Menschen konfrontiert zu werden; er wollte auch sein eigenes, durch ständigen Medikamentenmißbrauch stark angegriffenes und unterentwickeltes Gefühlsleben streng unter Kontrolle halten, vor jeder nur denkbaren spontanen Aufwallung oder Erregung bewahren. Und so mied er und verabscheute er auch in seiner musikalischen Welt mit geradezu puritanischer Sittenstrenge jegliche des unmittelbaren Gefühlsausdrucks »verdächtige« Musik, die er dann als »frivol«, »hedonistisch« und »theatralisch« abzukanzeln pflegte, da sie seinen, von jedem Gefühl »befreiten« reinen kontrapunktischen Geist zu trüben trachtete. Aus diesem Grund haßte er alle italienischen Opernkomponisten, verschmähte alle Franzosen und die meisten Russen, spielte nie einen Takt Chopin, Schubert und Schumann. Im Grunde klammerte er die gesamte romantische Klavierliteratur, also das eigentliche Terrain der solistischen Klaviermusik, aus und bevorzugte später lediglich einige Spätromantiker, die kaum etwas für Klavier geschrieben hatten, da sie ihm, bezeichnenderweise, emotional als unverdächtig erschienen: Wagner, Sibelius, Hindemith und Strauss, dazu ein wenig Brahms und natürlich Schönberg – das waren beziehungsweise wären in Goulds Augen die bedeutenderen Klavierkomponisten gewesen als Chopin, Schumann, Liszt oder Rachmaninow, wenn sie nicht für das große Orchester hätten schreiben wollen.

Selbst dem Klavierschaffen Mozarts und Beethovens gegenüber war Gould, in dilletantisch anmutender Unbelehrbarkeit, grundsätzlich ablehnend eingestellt, auch wenn er die »Tortur« auf sich nahm, alle Mozart-Sonaten gegen seinen Willen einzuspielen. Von Mozart mochte er nur die frühen Sonaten, während ihm die späteren Beiträge zur Gattung sowie fast alle Klavierkonzerte Unbehagen verursachten, da sie ihm zu theatralisch, zu dramatisch und emotional zugespitzt und zu wenig »kontrapunktisch« durchgeformt erschienen. Denn kontrapunktische Qualität und bestenfalls noch thematische Arbeit waren für Gould, in schulmeisterlicher Engstirnigkeit und gar nicht so weit entfernt von typisch deutschen Lehrmeinungen, die einzig relevanten Kriterien für seine eigene musikalische Urteilsbildung, dafür, ob ein Komponist und sein Werk aufgenommen werden konnten in Glenn Goulds kleinen musikalischen Technik-Baukasten. Um dort das triste Dasein von Ersatz-Spielzeugen oder Haustieren zu fristen, die wehrlos ausgeliefert sind dem willkürlichen Zugriff von verhätschelten kleinen Jungen. Ja, Goulds Vorstellung von Musikgeschichte glich einem riesigen Spielzeugladen, aus dem er herausnahm, was ihm gefiel, während ihn das meiste einfach nicht interessierte. Und was ihn nicht interessierte, existierte nicht. Oder es war minderwertig, auch wenn die ganze Welt es schätzte.

5. DER MOZART-HASSER

Gegen das noch größere »Wunderkind« Mozart hegte das sonst eher kühl urteilende kleinere »Wunderkind« Gould zeitlebens eine geradezu leidenschaftliche Abneigung. Mozarts Popularität und allgemeine Wertschätzung empfand Gould als regelrechte persönliche Bedrohung. Schon als Kind habe er »Entsetzen« verspürt, gestand er später seinem verdutzten Bewunderer Bruno Monsaingeon, daß »meine Lehrer und andere vermutlich geistig normale Erwachsene unter meinen Bekannten diese [Mozarts] Stücke zu den großen musikalischen Schätzen des Abendlandes rechnen konnten«. Und dieses Verdikt richtete sich in erster Linie und allen Ernstes gegen die späten Wiener Meisterwerke Mozarts, also sämtliche Opern, sämtliche Klavierkonzerte und Symphonien, die nach Goulds fester Überzeugung besser nicht komponiert worden wären: denn Mozart starb nach seiner Meinung »eher zu spät als zu früh«.

Aus fast allen Mozart-Äußerungen Goulds spricht eine Art neidischer Haßliebe und eine für den Rationalisten Gould ungewöhnlich stark emotional gefärbte »negative Fixierung«. Nur so ist zu erklären, daß er, anstatt ihn links liegenzulassen, sich mit geradezu sadomasochistischer Akribie der selbstquälerischen Prozedur unterzog, sämtliche Klaviersonaten des verhaßten Salzburger Genies auf Schallplatte aufzunehmen, mit der wenig überzeugenden Begründung, das einmal begonnene Projekt hätte zu Ende geführt werden müssen. Nein, Mozarts Unantastbarkeit war für den Autisten Gould, der keine anderen Götter neben sich duldete, eine Provokation, eine Herausforderung, der er sich stellen mußte: Er wollte sich und der Welt »beweisen«, wie schlecht dieser Mozart komponierte und daß er, Gould, wenn er nur wollte, auch ein solches Denkmal zum Einsturz bringen konnte, mittels seiner mentalen Überlegenheit.

Und so versuchte er, in vorsätzlich destruktiver Absicht, in seiner acht Jahre sich hinziehenden Gesamteinspielung der Klaviersonaten Mozarts, diese durch übertriebenes und zumeist rasend schnelles mechanisches Geklimper aus ihrem antropomorphen Sinnzusammenhang zu lösen, sie buchstäblich zu entmenschlichen, ihren lyrischen und dramatischen Gehalt auszulöschen. Er traktierte sie wie ein trotziges Kind, das mit sadistischer Freude Insekten oder seinen Goldhamster seziert, er exekutierte ihre musikalische Identität, indem er sie mit kindlich-grausamer Unsensibilität zu lästigen Fingerübungen degradierte. Aber sosehr er sich anstrengte, Mozart ins tiefste Eisloch der Arktis zu versenken und ihn zu einem Nähmaschinen-Komponisten zu stempeln, einen letzten Rest Seelensubstanz konnte er nicht tilgen. Und die Frage ist, ob Gould, der nach eigenem Bekunden ein schlechter »Verlierer« war, dies je gemerkt und sich gar eingestanden hat. Ich glaube nicht. Hier, bei Mozarts untilgbaren »Urkräften des Erotischen« und seiner die Totalität des menschlichen Lebens erfassenden Musiksprache, stieß Gould hart an seine eigenen intellektuellen und psychischen Grenzen, an die Schranken seines seelischen Elends, seiner Ängste, seiner intellektuellen Provinzialität, seiner fragmentarischen Kenntnisse der europäischen Musikgeschichte. Da er nicht nur alle ausdrucksstarke Musik verabscheute, sondern jeglichen Bezug der Musik zum menschlichen Innenleben ablehnte, mußte er mehr als die halbe Musikgeschichte aus seinem Blickfeld entfernen. Und wie man weiß, wies er außerhalb seines begrenzten Interessengebiets erstaunliche Lücken auf.

Es wäre vielleicht besser gewesen für Gould, Mozarts Musik nicht zu spielen oder wenigstens seine verbalen Ausfälle gegen den »überschätzten« Komponisten Mozart, die er mit maliziöser Beharrlichkeit immer wieder von sich aus vorbrachte, einzuschränken. Das hätte die Reinheit seines eigenen Mythos noch mehr erstrahlen lassen, während doch so die zahlreichen Gould-Fanatiker beim Thema Mozart immer verlegen nach irgendwelchen Ausreden suchen. Mozarts intakte Seelenkräfte und seine stets erotisch glühende Menschenliebe hatten einfach keinen Platz in Goulds nächtlich-trister, ängstlich-enger, verkapselt-depressiver Innenwelt. Hätte sich Gould Mozarts Heilkräften nur einmal hingegeben, er wäre bestimmt zusammengebrochen und untergegangen, hätte wohl nie mehr einen Ton gespielt, wäre verstummt aus Scham über das Ausmaß seines eigenen Elends. Aber dazu kam es nicht mehr. Er zog es vor, in zynisch-depressiver Distanz zu verharren, und diese radikale Negation traditioneller Mozart-Auffassungen führte dann gelegentlich auch, vor allem in den schnellen Sonaten-Ecksätzen, zu verblüffenden Resultaten einer entromantisierenden Entschlackung und einer unbeabsichtigten Vergegenwärtigung, die in manchem die viel späteren Errungenschaften der modernen historischen Aufführungspraxis hellseherisch vorwegnahmen. Im Fall Mozart unterwarf sich Goulds Musikalität also nicht restlos seinem destruktiven Willen.

6. DER BEETHOVEN-SKEPTIKER

»Wenn ich noch einen Takt aus der ›Eroica‹ höre, schreie ich.«

GLENN GOULD INTERVIEWT GLENN GOULD

Nicht ganz so abfällig und schroff herablassend waren Goulds Äußerungen über Mozarts rebellischen Nachfolger Ludwig van Beethoven, der ja als erster Komponist von Rang sich zu den Zielen und Utopien der bürgerlichen Revolution bekannt hatte und dessen Grundeinstellung, was künstlerische Radikalität, moralische Rigorosität und sexuelle Prüderie betraf, deutliche Parallelen zu Goulds eigenem puritanischen Weltbild aufwies. Den »Frivolitäten« des späten Mozart gegenüber, etwa in der Bewertung so »unmoralischer« Opernstoffe wie des *Don Giovanni* oder von *Cosi fan tutte*, hatte Beethoven ja schon 175 Jahre zuvor exakt Goulds spätere Position bezogen. Und trotz dieser Geistesverwandtschaft zwischen dem Bonner und dem Torontoer Exzentriker fühlte sich Gould in seinen späteren Jahren immer wieder herausgefordert, sein Mißfallen über eine Reihe von Werken aus Beethovens mittlerer Schaffensphase zu bekunden, die er als minderwertig einstufte: darunter so bedeutende Arbeiten wie das Violinkonzert, die Symphonien Nr. 4, 5 und 6, die Gould unausstehlich fand, ferner das fünfte Klavierkonzert sowie die populären Klaviersonaten *Pathétique*, *Waldstein* und allen voran die *Appassionata*, die Gould so mißfiel, daß er sich im Textheft zu seiner eigenen Aufnahme abfällig über sie äußerte. Daß er sie in dieser 1967 produzierten Aufnahme dann auch so schrecklich spielte, daß man sie kaum wiedererkennen konnte, nämlich so unerträglich langsam, daß aller leidenschaftliche Gestus und aller »egozentrische Pomp« abbröckelten und das Stück ins Absurde umkippte, betrachtete Gould aber keineswegs als »vorsätzlichen Akt der Sabotage«, wie ihm danach selbst gutgesinnte Kritiker vorwarfen, sondern als notwendige, klingende Untermauerung seiner Beweisführung.

Abgesehen davon, daß er Beethovens Weiterentwicklung der Sonatenform, immerhin des zentralen Gestaltungsprinzips und der entscheidenden Errungenschaft der Wiener Klassik, als einen Rückschritt gegenüber dem strengen Kontrapunkt der späten Barockmeister bewertete (weil er selbst hier zuviel kämpferische Dramatik und vor allem »hedonistischen« Geschlechterkampf zwischen dem männlichen und weiblichen Prinzip herausspürte), störte ihn beim mittleren Beethoven vor allem die »Dürftigkeit« der thematischen Ideen:

»Wie die meisten Werke, die Beethoven in der ersten Dekade des 19. Jahrhunderts geschrieben hat«, schreibt Gould in jenem ominösen Covertext zu der 1970 veröffentlichten LP mit den drei populären Beethoven-Sonaten, »ist auch die *Appassionata* eine

Studie in thematischer Hartnäckigkeit. Das Anliegen des Komponisten war es in jener Zeit, monumentale Architekturen auf dem Fundament eines Materials zu errichten, das in weniger geschickten Händen als den seinen gerade einmal ausgereicht hätte, um eine sechzehntaktige Einleitung ordentlich zu gestalten. Die Themen an sich sind zumeist von minimalem Interesse, aber zugleich so plump und rudimentär, daß man sich fragt, warum es einen Beethoven brauchte, um sie in die Welt zu setzen. Was die Verarbeitung dieser Motive betrifft, so zeigt diese weder die kontrapunktische Kontinuität, wie sie im Barock üblich war, noch den dekorativen Charakter des Rokokostils. Statt dessen ist sie absolut entschlossen, kämpferisch und zu keinerlei Zugeständnissen bereit. Niemals zuvor hat jemand mit einer solchen kriegerischen Attitüde komponiert und eigentlich auch seither keiner mehr.« Ein merkwürdiger mehrfacher Vorwurf, der im Grunde die Prinzipien der neuen, revolutionären musikalischen Ästhetik Beethovens aus dem ahistorischen Blickwinkel eines orthodoxen Kontrapunktikers attackiert, und ein durchaus reaktionärer Standpunkt, den man einem alternden, konservativ eingestellten Zeitgenossen Beethovens noch abgenommen hätte, der aber 150 Jahre nach Beethovens Tod doch ein wenig weltfremd, um nicht zu sagen absurd anmutet.

Je mehr sich Gould in seinen späteren Jahren vor der Welt zurückzog, desto radikaler und halsstarriger verschrieb er sich dem Dogma des reinen Kontrapunkts und der Abwehr aller »außermusikalischen«, das heißt aller nicht-konstruktiven, Aspekte. Das war nicht immer so, auch wenn Gould als Interpret »Unfehlbarkeit« für sich reklamierte und, von ganz wenigen Ausnahmen wie den Bach'schen *Goldberg-Variationen* abgesehen, kein Stück zweimal einspielte. Denn als 25jähriger Jungstar spielte Gould Beethoven (und auch Mozart und Bach) noch ganz anders, viel lebendiger, flüssiger, drängender und schwungvoller als zehn Jahre später, als er längst damit aufgehört hatte, ganze Stücke im Zusammenhang durchzuspielen und er sich völlig der artifiziellen Montagetechnik des Studioschnitts verschrieben, seine musikalische Seele dem Dämon des technologischen Mystizismus verkauft hatte. Es liegen wirklich Welten zwischen seiner grotesk-mißratenen *Appassionata*-Vorführung des Jahres 1967 und der an pulsierender Seelenenergie und dramatischer Stringenz bis heute unübertroffenen Referenzaufnahme des ersten Klavierkonzerts (unter dem wunderbar mitfühlenden Dirigenten Vladimir Golschman) im Jahr 1958, in die Gould seinen größten Geniestreich als Komponist, als Stil-Parodist, einarbeitete: Seine 92 Takte lang, kontrapunktisch und thematisch minutiös durchgearbeitete, eigenhändige Kadenz zum Kopfsatz des Konzerts ist eine meisterhafte Kombination von Fuge, Sonatensatz und dramatischer Verdichtung des Satzverlaufs aus dem Blickwinkel eines erweiterten Tonalitätsbegriffs und gespickt mit zahlreichen »parodistischen« Pointen, kurzum ein kleines, tickendes, feinmechanisches Wunderwerk des Fünfundzwanzigjährigen entschädigt den ratlosen Beethoven-Freund für die Grausamkeiten des späteren Gould, aber es macht sie nicht wett. Doch eines wird klar: Gould hat seine immensen musikalischen Talente, seine Gottesgaben nicht auf allen Ebenen unbedingt fruchtbringend weiterentwickelt. Vielleicht hielt sein sensibles Genie der Welt nicht stand. Die zweite Hälfte des 20. Jahrhunderts ist fürwahr kein Zeitalter für Genies, eher für Blender und Retortenstars. Es scheint ratsam, Kultfiguren von heute grundsätzlich zu mißtrauen.

7. DER BACH-MYSTIKER

»Das Ideale wäre,
sich wiederholen zu können … wie Bach.«
E. M. CIORAN

Am wohlsten fühlte sich Gould, wenn er Bach spielte, wenn er eintauchen konnte in das meditative Kontinuum des unaufhaltsam voranschreitenden und Himmelsleitern aufrichtenden Kontrapunkts, wenn er sich mit seiner enormen mentalen Energie einklinken konnte in jenen planetarischen Bewegungskreislauf, der keinen Anfang und kein Ende kennt, nur das ewige Kontinuum der verrinnenden Zeit, einer tickenden Uhr, die in der ewigen Gleichförmigkeit ihrer Bewegung Ruhe, Trost, Frieden spendet: den Frieden eines besseren Jenseits, eines unbekannten kleinen leuchtenden Punkts im All, den Gould als fiktives Ziel seiner anstrengenden, nicht enden wollenden intergalaktischen Mission stets vor seinem geistigen Auge hatte.

Er wußte, daß es da, auf der anderen Seite des Universums, so weit weg wie nur möglich einen anderen Ort, einen letzten kleinen Stern gab, der ihm den richtigen Weg wies auf seiner langen kontrapunktischen Erkundung der Galaxien und ihm zugleich die Freuden und die Leichtigkeit einer vollkommen metaphysischen Existenz verhieß, einer reinen Spiritualität ohne die Kränkungen und Ängste einer bedrängten Seele, ohne die Schmerzen und Schwächezustände eines geschundenen Körpers, sondern ganz frei in der kontrapunktischen Mobilität seines forschenden Geistes.

Diese lange, einsame Reise zu »seinem« Planeten war Goulds Lebensabenteuer. Und Bachs Musik, insbesondere seine Fugen, wiesen ihm den Weg durch die menschenleere Dunkelheit der kosmischen Nacht, die einzig mögliche, exakt berechnete, logisch-zielgerichtete Route. Bachs konstruktivste Arbeiten waren die Himmelskarten, auf denen sich Goulds forschender Geist in den unendlichen Sphären des Alls bedächtig, aber unaufhaltsam vorwärts bewegte, auf seiner abenteuerlichen Mission durch Zeit und Raum. Seine kleine dunkle Raumkapsel war vollgepfropft mit den neuesten technischen Apparaturen, und sie vermittelte ihm das wohlige Gefühl »gebärmutterähnlicher Geborgenheit« (»the womb-like security of the studio«). Nur wenn es warm genug war in seinem musikalischen Weltraumlabor, dann wurden nicht nur seine Hände allmählich geschmeidiger, sondern auch seine Gehirnzellen beweglicher, so daß er sich die komplizierten Bewegungsmuster einer Bach'schen Fuge in seiner Phantasie »vor-stellen« konnte. Denn alle Musik Goulds spielte sich zuvor als »Film« in seinem Kopf ab. Seine Hände waren lediglich ausführende Instrumente seines inneren Musik-Films, sie transformierten das endogene Musikgeschehen in konkretes Erklingen.

Goulds endogene Musik-Trips waren seine einzige Möglichkeit, der Welt, den Menschen, dem profanen Leben und seinen schrecklichen Ängsten für eine Weile zu entrinnen. Es waren abenteuerliche Fluchten nach innen. Zugleich schöpfte er aus diesen *Mysterien der kontrapunktischen Ekstase* seine Lebensenergien, seine kreativen Kräfte. Er war abhängig von diesen Rauschzuständen höchster Autosuggestion wie ein Drogensüchtiger, sein pseudo-intellektuelles musikalisches Weltbild sollte nur ablenken von dieser Sucht nach den Ekstasen der Mehrstimmigkeit. Er bezeichnete sich als »letzten Puritaner«, in Wirklichkeit war er der glühendste Ekstatiker der reinen Polyphonie, ein Exeget des reinen Wortes, ein Schriftgelehrter und Gottesbeschwörer, wie es ihn auf dem Gebiet der Musik, der göttlichsten aller Künste, nach der Aufklärung nicht mehr gegeben hatte.

Goulds Musikästhetik war, von ihrer systematischen Schwäche einmal abgesehen, im Grunde mittelalterlich: Als göttliche Kunst war sie ausschließlich dazu bestimmt, die Bewegungen des Universums im Inneren des Menschen nachzubilden. Goulds Auswahlverfahren war denkbar einfach. Alles, was nicht in der Lage war, ihn in jenen Glückszustand kontrapunktischer Meditation zu versetzen, schied aus diesem »intergalaktischen Repertoire« aus, damit weitaus das meiste des »bürgerlichen« Musikschaffens, in dessen Mittelpunkt ja, seit der Renaissance, der Mensch und dessen Innenleben stand. Goulds Taktik (und sein entscheidender Denkfehler) bestand darin, daß er ausgerechnet in diesen durch Barock und Moderne eingerahmten »anthropomorphen« Musikepochen nach den mathematischen Strukturen des Mittelalters suchte und zu suchen gezwungen war, da nur sie das Repertoire für den modernen Konzertflügel bereitgestellt hatten, für Goulds Instrument. Wäre Gould nur ein paar Jahre später auf die Welt gekommen, er hätte sich möglicherweise der historischen Aufführungspraxis verschrieben und sich der in den späten Sechzigern explosiv an Bedeutung gewinnenden »Originalklangbewegung« angeschlossen und vielleicht nie einen modernen Steinway angerührt. So aber blieb ihm, ohne dies jemals ausdrücklich für sich reklamiert zu haben, die Rolle des prophetischen Vordenkers für den modernen musikalischen Historismus – eine Rolle, die vor allem in seinem revolutionären Bach-Spiel Gestalt annahm. Und so blieb dem zu früh geborenen Neo-Kontrapunktiker gar nichts anderes übrig, als seinen armseligen Konzertflügel klanglich so weit zu denaturieren, daß er wie ein schlechtes Fortepiano schnarrte und gluckste: Gould wollte, mußte ihm mit Gewalt jede romantische »Gefühligkeit« und jede »frivole« Klangfülle austreiben. (Der berühmte

»Schluckauf« seines Steinway CD 318, der so viele seiner Studioaufnahmen aus den sechziger und siebziger Jahren heute unerträglich macht, resultierte dagegen nicht aus ästhetischen Überlegungen, sondern entsprang der absurd anmutenden Forderung Goulds, den Anschlag des Instruments so leicht wie möglich einzustellen, um selbst die schwierigsten Sachen »aus den Fingern« spielen zu können.)

Goulds Bach-Auffassung war absolut revolutionär und ahistorisch, eine Kampfansage an alle pianistische Bach-Tradition. Und man kann nur darüber staunen, wie bereitwillig das Bach-unerfahrene amerikanische Publikum seinen ikonoklastisch-radikalen, pointillistisch-spröden Bach-Stil schon Mitte der fünfziger Jahre auf Anhieb akzeptierte, als hätte er mit seiner ersten Version der *Goldberg-Variationen* nicht nur eine eigenbrötlerische Heldentat vollbracht, sondern zugleich den Seelenzustand des ganzen Zeitalters, eben der spröden, gefühlsarmen Fünfziger, getroffen. Das war mehr als nur eine typisch amerikanische Eigenmächtigkeit im Umgang mit den hehren kontinentalen Traditionen, mehr als nur der schnelle Sensationserfolg des »kulturlosen« Amerikaners, der ungebührlich zuckend und stöhnend, mit übereinandergeschlagenen Beinen und Kaugummi kauend wie ein »Barbar« in die heiligsten Bereiche der deutschen Kunst eingedrungen war. Nein, Goulds Bach-Geklimper war der authentischste, glaubwürdigste und tröstlichste Widerhall der allgemeinen Seelenlage der durch die neue Erkenntnis des totalen atomaren Zerstörungspotentials einigermaßen verunsicherten, psychisch gefrorenen, »freien« Welt.

Gould war der radikalste Prophet dieses puritanischen, technik-verrückten, grell ausgeleuchteten, künstlichen Zeitalters. Sein Bach klang tiefgekühlt, hygienisch und synthetisch wie aus dem neuen »Frigidaire«. Die Musik durfte keinerlei Gefühle zeigen und sollte so menschenfern wie nur möglich klingen: wie aus Frankensteins Musiklabor. Je technischer, je abstrakter sie tönte, desto näher wähnte sich Gould am ideellen Kern der Komposition. Dann spürte er das mathematische Wesen der harmonischen Relationen, die strenge, »reine« Logik des Kontrapunkts, die von aller menschlichen Unzulänglichkeit und Unberechenbarkeit gereinigte, objektiv-unverrückbare Gesetzmäßigkeit des musikalischen Universums, das die geometrischen Bahnen der Gestirne und Planeten und eben nicht das »frivole« Gefühlschaos im Inneren des Menschen nachzeichnete.

Eigentlich waren andere Menschen nicht vorgesehen in Goulds menschenleerem musikalischen Universum: Es gab da auch keine Natur oder erlebte Geschichte, sondern nur unbelebte Planeten, die Weite des Raums und die große Stille, in der sich Goulds Geklimper wie schwache, flackernde Funksignale aus einer anderen, unerreichbaren Galaxie, wie mysteriöse Botschaften aus einer fremden Zivilisation anhörten. So »befreite« er Bachs Präludien, Toccaten und Fugen aus ihrem spätbarocken, sächsisch-protestantischen Ambiente, löste sie aus ihrem historischen Kontext und schoß sie mit seinem kleinen Raumschiff weit hinaus in den neuen dreidimensionalen Himmel des Raketenzeitalters, auf daß sie dort wie kleine, unaufhörlich funkende Satelliten dem ganzen Universum die frohe und tröstliche Botschaft von der unverbrüchlichen Schönheit der Sphärenharmonie, von der Reinheit des menschlichen Gedankens, von der Einsamkeit der menschlichen Seele und von den Ekstasen des Kontrapunkts verkündeten.

8. NIGHT ON EARTH

Glenn Gould war eigentlich kein Interpret von Musik, nicht einmal ein besonders exzentrischer Pianist, wofür ihn vor allem die halten möchten, die ihn nun endlich, da er doch schon ein Dutzend Jahre tot ist, gerne einordnen würden in ihr sorgsam gehütetes Koordinatensystem der großen Klavierspieler dieses Jahrhunderts: die Musik-Buchhalter. Im Grunde war er nicht einmal ein Musiker, wenn der Akt des musikalischen Vollzugs vor anderen, lauschenden Menschen, also das Hier und Jetzt des Erklingens und alle damit zusammenhängenden unwägbaren Dinge, als Ziele der nach-schöpferischen Tätigkeit angesehen werden.

Gould war es ziemlich gleichgültig, ob ihm andere zuhörten, und es wurde ihm zunehmend lästiger, wenn sie es taten, und ebensowenig scherte er sich um Aufführungstraditionen oder stilistische Vorgaben oder die interpretatorischen Standards anderer Pianisten. Was Generationen von Musikern und Sängern vor ihm als entscheidendes Fluidum des interpretatorischen Aktes empfunden und erlebt hatten, nämlich den vibrierenden seelisch-emotionalen Kontakt zum Publikum, dieses elektrisierende Gefühl, Mittler zu sein einer »höheren«, göttlichen Botschaft im Augenblick des Vollzugs und teilzunehmen an einer auratisch-kultischen Handlung – all dies war für Gould nichts anderes als falsches Brimborium, eine unerlaubte, frivole Zutat, billiges Täuschungsmanöver. Und so war er von Anfang an ein erklärter Feind alles Auratischen, aller noch so schönen Illusion, aber auch aller seelisch-emotionalen Schwingungen zwischen Künstler und Publikum. Er war der radikalste Verfechter des anti-illusionistischen Musizierens, der technisch versierteste Anti-Virtuose des Klaviers. Sein erklärtes Ziel war es, alle Musik, die er sich vornahm, ihrer »Theatralik« zu entkleiden und ihres »Blendwerks« zu berauben, also all ihrer sinnlichen, klanglichen, expressiven Qualitäten, und sie auf ihren Wesenskern zu reduzieren, so daß nur noch der ideelle Gehalt der Komposition, die reine Nacktheit der Invention und deren technische Konstruktion übrigblieben. Es war klar, daß nur wenige komplizierte Fugen Bachs dieses Fegefeuer der apokalyptischen »Reinung« unbeschadet überstehen konnten und schließlich die Himmelspforten zu Goulds Mini-Olymp überschreiten durften. Alles andere, die menschennahe, glühend-erotische Musik Mozarts und Beethovens leidenschaftliche Appelle, blieben nach Goulds inquisitorischen Aktionen, nach diesen »peinlichen Befragungen«, versehrt zurück, verkümmert, verstümmelt und hilflos und so schwach und schutzlos, wie sich Gould selbst sein Leben lang in seiner kümmerlichen Seele fühlte.

Vielleicht war es diese Schutzlosigkeit seiner unverhüllten musikalischen Gestalten, die bei vielen Gould-Süchtigen ein so wärmendes Gefühl der Anteilnahme, des Vertrauens auslöste und den Eindruck von etwas höchst Authentischem, Echtem, Reinem, Wesentlichem vermittelte, obwohl, wie Goulds langjähriger Produzent Andrew Kazdin glaubhaft versicherte, es sich um höchst artifizielle, synthetische Kunstprodukte, um regelrechte »Labor-Experimente« handelte, bei denen »aus Fleischfetzen Frankenstein-Monster zusammengesetzt wurden«. Ja, Gould wollte die menschlich-sinnlichen Anteile der musikalischen Aufführung so komplett eliminieren, daß er sogar seinen eigenen musikalischen Vollzug, der schon spröde genug war, bis zur schieren Unkenntlichkeit zerstückelte, um dann das Puzzle aus Hunderten von solchen Schnipseln neu zusammenzusetzen. Und in diesen aufwendigst produzierten Schnittmustern sah er mehr und mehr das eigentliche Terrain seiner Kreativität und ein neues schöpferisches Betätigungsfeld für kommende Generationen. So wurde er zu einer Zeit, als die Pop-Kultur noch in ihrer ersten Phase eines ehrlichen Handwerks steckte, zum ersten Klassik-DJ, zum postmodernen Synthetiker der zweiten Ebene, zum Meta-Musiker. Gould hat prophetisch vorausgeahnt, daß mit dem Eintritt der Menschheit ins kybernetische Zeitalter das individuell-subjektive »Interpretieren« von Musik und damit auch der romantische Musiker-Typus endgültig ausgedient haben würden.

Noch Mitte der fünfziger Jahre, als Gould die Bühne der internationalen Klavierszene betrat, befand sich die gesamte musikalische »Hochkultur« ganz unter der Käseglocke des 19. Jahrhunderts, und unter den Pianisten dominierten noch immer die schwitzenden, pomadigen Virtuosen in ihren Fräkken: die Herrenreiter und die Dandies, die Salonlöwen und die Tastenzertrümmerer. Kein anderer Pianist hat sich, sowohl musikalisch-stilistisch als auch in seinem persönlichen Habitus, dieser anachronistischen Verkleidungskomödie, diesen Altherren-Ritualen so radikal und konsequent verweigert wie Glenn Gould und so viel frische, »polare« Atemluft in die miefigen Kultstätten patriarchalischer Nostalgie eindringen lassen, freilich mit so wenig Erfolg, daß er schon nach wenigen Jahren die »Scheinexistenz« eines »öffentlichen Virtuosen« endgültig aufgab und es vorzog, die moderne mythische Existenz eines »unsichtbaren«, nur in verschlossenen Studios arbeitenden Pop-Stars zu führen. Gould war der erste dieser unsichtbaren Mega-Stars, die ihre Botschaften nur noch über die Medien verkünden, und er war darin sogar den Beatles, die gemeinhin als Erfinder dieses »Rückzugs« gelten, um einige Jahre voraus.

Und diese Rolle eines modernen Märtyrers, eines kurzlebigen Pop-Stars, eines *angry young American hero*, der seinen Weg mit manischer, lebensverachtender Konsequenz zu Ende geht, der seine düsteren Botschaften auch privat auslebt und das neuentwickelte Serum an sich selbst ausprobiert – diese Rolle eines zeitgemäßen, alles auf Spiel setzenden Künstler-Helden, erscheint im wachsenden zeitlichen Abstand zu Goulds Leben als ein zunehmend an Bedeutung gewinnendes Kriterium seines Mythos. Es wäre töricht, Glenn Gould nur mit anderen Pianisten seiner Generation wie Alfred Brendel oder Vladimir Ashkenazy vergleichen zu wollen. Seine historische Bedeutung mißt sich, auch wenn er meistens nur Bach spielte, an den großen Ikonen der Pop-Kultur, an Andy Warhol, Miles Davis und Jim Morrison, an James Dean, Jimi Hendrix und John Lennon. Im Unterschied zu diesen war Gould zeit seines Lebens ganz auf sich alleine gestellt und mußte seine unerhörten Experimente und Zukunftsvisionen in einem ihm letztlich fremden, kunstbeflissen-konservativen Ambiente durchsetzen. Der Rückzug in den »wärmenden Mutterleib« eines gutbeheizten Studios, seine nächtliche Schattenexistenz eines modernen Dracula, also eines völlig licht- und tagesscheuen Vampirs, die vollständige Medialisierung und Synthetisierung seiner Arbeit und vor allem seine eigene, durch exzessiven Tablettenkonsum betriebene »Entmaterialisierung« – all dies wurde für ihn zu den einzigen endogenen Schlupflöchern, um den alles nivellierenden Dämonen der Realität und des Musikbetriebs zu entfliehen.

Damit hat Gould, in faszinierender und erschütternder Voraussicht, der Welt ihre eigene nachfolgende Entwicklung »vorgelebt«, mit der unausweichlichen Konsequenz seines eigenen Untergangs, dessen genauen Zeitpunkt er schon früh mit beängstigender Exaktheit festlegte: Er wolle nach seinem fünfzigsten Geburtstag endgültig mit dem Klavierspielen aufhören, hatte er immer wieder verlauten lassen, und er überlebte diesen Entschluß um genau sieben Tage. Vielleicht hatte er davon geträumt, in einem zukünftigen Leben nur noch als schöpferischwirkendes Gehirn zu existieren, als vernetzte zerebrale Materie, um so »unmittelbar« kreativ sein zu können, ohne die physischen Beschwerlichkeiten eines kränklichen Körpers, ohne die psychischen Belastungen einer ängstlichen Seele. Alles, was Gould in seiner mehrfach gespaltenen Existenz an Lebensverweigerung auf sich nahm, war wie eine Vorschau, ein Vorgeschmack auf das weitere Schicksal der Menschheit am Ende des 20. Jahrhunderts, eine vorgelebte Horrorvision der weiteren Entwicklung des Alltagslebens und der Kultur in einer völlig vernetzten, rechnergesteuerten, von Empfindungen, Leidenschaften und menschlichen Beziehungen sich immer weiter entfernenden Zivilisation. Gould war Prophet und Märtyrer des kybernetischen Zeitalters. Der Bach'sche Kontrapunkt war der Auslöser, der Energiespender und Impulsgeber für seine apokalyptischen Zukunftsvisionen, die indes viel schneller graue Wirklichkeit geworden sind, als er selber voraussehen konnte. Sein Leben scheint aus heutiger Sicht, da Einsamkeit und seelische Isolation längst zur sozialen »Normalität« zählen, gar nicht mehr so befremdlich und trist, sondern eher »cool« und avantgardistisch wie das eines zerschlissenen, heimatlosen Helden aus einem Science-fiction-Thriller. Sein Credo war die absolute, unerschütterliche Perfektion, und wenn es möglich gewesen wäre, hätte er sich, wie ein Android, künstlichen Blutersatzstoff in die Venen spritzen lassen, um vollkommen immun und unempfindlich zu sein gegenüber jeglicher emotionalen Erschütterung und jeder physischen Schwäche. Doch just nachdem sich der schöpferische Kreis des Pianisten Gould mit der zweiten Version der Bach'schen *Goldberg-Variationen* geschlossen hatte und er musikalisch endlich angekommen war auf seinem einsamen Planeten, verweigerte Goulds geschundenes Hirn die weitere Dauerbelastung durch seine krankhaft manische Psyche.

Er war doch angekommen auf seinem langen Marsch auf den Nordpol der Seele, wo keiner mehr hauste, außer ihm selbst. Er hatte seine »Idea of North« konsequent zu Ende geführt, zu Ende gedacht, zu Ende gelebt. Endlich hatte er den Ort erreicht, an dem die Sonne nicht mehr aufging, denn sie war weit genug entfernt. Nach der langen Nacht folgte der letzte graue Tag ohne Ende. Die Welt war leer geworden, ganz leer. Die Neutronenbombe hatte die Natur ausgelöscht. Nur die Häuser, die grauen Straßenschluchten waren stehengeblieben. Aber kein Mensch konnte mehr den anderen wahrnehmen, die Gefühle waren erloschen. Und aus dem Hintergrund tönte aus einem schäbigen Lautsprecher die *Aria* aus den *Goldberg-Variationen*, so leise und so langsam, daß die Zeit aufgehoben schien. Es waren bizarre Signale, die Ruhe und Trost, Wärme und Frieden verströmten, einen Hauch der Ewigkeit spüren ließen: *Komm, süßer Tod, wiege mich in Schlaf.*

Glenn Gould im Gespräch mit Tim Page

1981

Tim Page: Glenn, es ist jetzt ungefähr siebzehn Jahre her, daß Sie das Konzertpodium verlassen haben. Ich werde Sie nicht fragen, warum Sie es verlassen haben oder ob Sie zurückkehren werden, denn auf beide Fragen haben Sie bei einer Reihe von Gelegenheiten beredt geantwortet. Aber als Sie von der Bühne abtraten, haben Sie recht unmißverständlich behauptet, daß das Live-Konzert tot sei, Punkt, aus, und daß die Zukunft der Musik in Schallplatten liege. Nun haben wir aber seit 1964 ein ungeheures Wiederaufleben des Interesses am Konzertsaal gesehen – der Erfolg von solchen Unternehmungen wie dem Mostly Mozart Festival in New York ist ein gutes Beispiel –, während die Plattenindustrie ernsthafte Schwierigkeiten hat. Haben Sie irgendwelche neuen Überlegungen zu dem Thema?

Glenn Gould: Na, ich habe mich ja abgesichert, indem ich gesagt habe, daß die Konzerte so um das Jahr 2000 herum aussterben würden, nicht wahr? Bis dahin sind es immerhin noch neunzehn Jahre, und wenn es soweit ist, werde ich zu alt sein, um mich noch mit Interviews abzugeben [*lacht*], und dann werde ich mich wegen meiner schlechten Prognose nicht zu verantworten brauchen! Was die Schwierigkeiten der Plattenindustrie angeht, bleibe ich optimistisch. Ich vermute, daß das eine zyklische Angelegenheit ist; in den Ländern, in denen die klassische Musik eine große Bedeutung hat – in Deutschland zum Beispiel –, ist die Schallplatte nicht wirklich in Schwierigkeiten. Diese Schwierigkeiten sind in hohem Maße ein nordamerikanisches Problem; das hat man jetzt ganz allmählich seit einigen Jahren kommen sehen, und das kann sich wieder umkehren oder auch nicht. Wenn nicht, dann heißt das bloß, daß die Amerikaner sich nicht besonders für klassische Musik interessieren.

Andererseits sieht es nicht so aus, als ob das Konzert so schnell verschwinden würde, wie ich es … zum Wohle der ganzen Menschheit … gehofft hatte. Es hat sich allerdings verändert. Ich bin seit 1967, als ich unter ziemlichem Druck dem Recital eines Freundes beigewohnt habe, nicht mehr in einem Konzert gewesen. Aber ich habe den Eindruck, daß sehr viele Konzerte heute wiederauferstandene Versionen jener Shows sind, wie sie Hans von Bülow vor hundert Jahren in Toronto veranstaltete, als er Beethovens *Appassionata* unmittelbar nach einem Pferdedressurakt spielte!

Tim Page: So etwas wie ein modernes Vaudeville?

Glenn Gould: Genau! Es findet eine Rückkehr zu dieser Art von »Pferdedressurakt«-Konzert statt, wo erst ein bißchen von diesem kommt und dann ein bißchen von jenem und dann wieder was anderes – was ich eigentlich ganz schön finde. Vor zwanzig Jahren gab es nur sehr wenige abwechslungsreiche Kammerkonzerte; da spielte ein Streichquartett Beethoven oder irgendwas anderes, aber es gab keine Mischung von austauschbaren Elementen wie heute. Das ist alles anders geworden; ich weiß nicht, ob das ein Zeichen der Verzweiflung ist – weil man mit einer

Solodarbietung nicht mehr einen ganzen Abend bestreiten kann – oder einfach eine phantasievollere Denkweise oder möglicherweise sogar eine völlige Rückkehr zum musikalischen Denken der achtziger Jahre des vorigen Jahrhunderts. Ich weiß nicht genau, was für eine Bedeutung das alles hat.

Tim Page: Ich weiß, daß Sie allgemein nicht viel von Konzerten halten. Sie haben der *New York Times* einmal erzählt, Sie fänden alle Live-Künste »unmoralisch«, weil »man seinen Mitmenschen nicht voyeuristisch in einer Prüfungssituation zuschauen sollte, wenn es gar keine praktische Notwendigkeit für eine Prüfung gibt«.

Glenn Gould: Ja, ich gebe zu, daß ich immer schwere Bedenken im Hinblick auf die Motive der Leute hatte, die in Konzerte gehen, ins Theater, ganz gleich wohin. Ich will da nicht ungerecht sein; früher habe ich manchmal ziemlich pauschal verallgemeinert, nämlich daß jeder, der ein Konzert besucht, bestenfalls ein Voyeur ist und vielleicht ein Sadist obendrein! Ich bin sicher, daß das nicht ganz so ist; es mag ja sogar Leute geben, die die Akustik in der Avery Fisher Hall der ihres Wohnzimmers vorziehen. Ich möchte also nicht schonungslos sein. Aber ich glaube wirklich, daß diese ganze Geschichte, von Leuten zu verlangen, daß sie sich in Situationen auf die Probe stellen, in denen keinerlei Notwendigkeit für ihre Anstrengung besteht, verkehrt ist – und außerdem sinnlos und grausam.

Ich fürchte, daß das Syndrom von wegen »Wir besteigen den Everest einfach deshalb, weil's ihn gibt« bei mir nicht ankommt ... irgendwo ist das ein Witz. Es macht keinen Sinn, schwierige Dinge zu tun, bloß um zu beweisen, daß das geht. Warum soll man auf Berge steigen oder auf Skiern wieder runterfahren oder aus Flugzeugen springen oder Autorennen fahren, wenn für solches Verhalten gar kein Bedürfnis besteht?

Das Konzert ist *ersetzt* worden, wissen Sie. Ich möchte Sie nicht mit all den Gründen langweilen, warum ich glaube, daß die Technologie das Konzert überflüssig gemacht hat – ich habe sie bei vielen anderen Gelegenheiten aufgezählt, und ich habe keine Lust, die Nummer zu wiederholen. Aber es gibt einen Grund, der meiner Meinung nach diese Frage betrifft: Die Technologie hat das Vermögen, ein Klima der Anonymität zu schaffen und dem Künstler die Zeit und die Freiheit zu geben, seine Auffassung eines Werkes nach besten Kräften vorzubereiten, eine Aussage zu vervollkommnen, ohne sich über Trivialitäten wie Nerven oder Fingerfertigkeit Gedanken machen zu müssen. Sie hat das Vermögen, jene scheußlichen, erniedrigenden und menschlich schädlichen Unsicherheiten auszuräumen, die das Konzert mit sich bringt; sie entfernt die Information über eine besondere persönliche Leistung aus der musikalischen Erfahrung. Ob der Künstler gerade bei dieser Gelegenheit den musikalischen Everest erklimmen wird, ist nicht länger von Belang. Und deshalb kommt das Wort »unmoralisch« ins Spiel. Es ist ein schwieriges Gebiet – ein Gebiet eigentlich, in dem die Ästhetik an die Theologie rührt –, aber ich glaube, über das Vermögen der Technologie zu verfügen und es nicht auszunutzen und ein Klima der Besinnung zu schaffen, wenn man es kann – *das* ist unmoralisch!

Tim Page: Als ich sagte, daß die Schallplattenindustrie in Schwierigkeiten steckt, habe ich vielleicht zu sehr an die wirtschaftliche Seite gedacht, denn im streng künstlerischen Sinne ist sie ja gewiß gesund und munter. In der letzten Zeit hat es Einspielungen von mancherlei Material gegeben – frühe Haydn-Sinfonien, Schubert-Opern, weniger bekannte Bach-Kantaten –, das viele Jahre lang unbeachtet blieb. Und es sind eine Menge neue Werke aufgenommen worden. Lassen Sie uns über Ihr Repertoire sprechen. Obwohl Sie ziemlich viel von der Standardliteratur – Bach, Beethoven, Mozart usw. – eingespielt haben, haben Sie es vermieden, Stücke von einigen der Standard-Klavierkomponisten aufzunehmen. Halten Sie es zum Beispiel für möglich, daß Sie irgendwann eine Chopin-Platte machen werden?

Glenn Gould: Nein. Ich glaube nicht, daß er ein besonders guter Komponist ist. Als ich jünger war, habe ich op. 58 gespielt, einfach um zu sehen, was das für ein Gefühl ist. Es war kein sehr gutes Gefühl, deshalb habe ich nie wieder daran gedacht, mehr von Chopin zu spielen.

Ich fand immer, daß der eigentliche Kern des Klavierrecital-Repertoires eine *ungeheure* Zeitverschwendung ist. Die ganze erste Hälfte des 19. Jahrhunderts – Beethoven bis zu einem gewissen Grad ausgenommen – ist ein ziemlicher Reinfall, was Musik für Soloinstrumente angeht. Diese Verallgemeinerung schließt Chopin, Liszt, Schumann ein – ich bin versucht zu sagen, Mendelssohn-Bartholdy nicht, denn ich mag seine Choral- und Kammermusikwerke sehr, aber die meisten von seinen Kompositionen fürs Klavier sind ziemlich schlecht. Sehen Sie, ich glaube nicht, daß irgendeiner von den frühromantischen Komponisten es verstanden hat, für das Klavier zu schreiben. O ja, sie wußten, wie man das Pedal einsetzt und wie man dramatische Effekte erzielt, indem man mit Noten nur so um sich wirft, aber wirklich *komponiert* wird da nur sehr wenig. Die Musik dieser Zeit ist voll von leeren theatralischen Gesten, voll von Exhibitionismus, und sie hat etwas Weltliches, Hedonistisches, das mich einfach anwidert.

Ein anderes Problem ist meiner Ansicht nach, daß Chopin, Schumann und Konsorten in dem Wahn lebten, das Klavier sei ein homophones Instrument. Ich glaube nicht, daß das stimmt; ich glaube, das Klavier ist ein kontrapunktisches Instrument und wird nur dann interessant, wenn mit ihm so umgegangen wird, daß sich die vertikalen und horizontalen Dimensionen verbinden. Dies geschieht im größten Teil der Klavierkompositionen der ersten Hälfte des 19. Jahrhunderts nicht.

Die große Tragödie liegt in der spätromantischen Zeit, denn die Komponisten dieser Zeit – Wagner, Richard Strauss, möglicherweise Mahler –, jene Komponisten, die mit einem eindringlichen Verständnis für die Mischung der harmonischen und thematischen Sprache hätten schreiben können, haben sich im Grunde einfach dafür entschieden, überhaupt nicht für das Klavier zu schreiben. Wagner hat eine frühe Sonate geschrieben, aber im Vergleich dazu nimmt sich Weber wie einer der großen Meister aller Zeiten aus. Ich vermute, daß Wagner das Klavier nicht wirklich verstanden hat, denn die Begleitung zu den *Wesendonck-Liedern*, die bei der Orchesterfassung in Ordnung ist, wirkt auf dem Klavier überhaupt nicht. Ich habe vor einigen Jahren ein paar von Wagners großen Orchesterstücken transkribiert und aufgenommen. Das war eine echte Liebesmühe; ich wollte einfach etwas von Wagner haben, das ich spielen konnte.

Andererseits habe ich die frühen Klavierwerke von Richard Strauss aufgenommen – op. 3, op. 5, Stücke, die Strauss geschrieben hat, als er sechzehn Jahre alt war –, und das sind kleine Wunder: genauso raffiniert, genauso geschliffen wie irgend etwas, das Mendelssohn-Bartholdy in seinen Teenagerjahren gemacht hat. Und mit Ausnahme von Mendelssohn hat kein Sechzehnjähriger *je* mit solchem handwerklichen Geschick und solcher Sicherheit komponiert – wobei ich Mozart *nicht* vergesse. Strauss konnte vortrefflich fürs Klavier komponieren – in der *Burleske*, in *Der Bürger als Edelmann* und vor allem in den späten Liedern, etwa in den *Ophelia*-Liedern, die ich mit Elisabeth Schwarzkopf aufgenommen habe. Seine Klavierkompositionen sind frei von allem Ostentativen, von jedem Exhibitionismus oder jeder fingierten Virtuosität. Aber er hat nicht viel in dem Genre arbeiten wollen.

Das ist das Traurige – diese Lücke im Klavierrepertoire. Es war eine Zeit, in der das Orchester im Vordergrund stand, und das Klavier war kaum mehr als ein Hilfsmittel, ein Orchester für den armen Mann, ein Ersatz, ein Instrument für »erste Entwürfe«.

Tim Page: Das einzige Klavierstück von Strauss, das einem sofort einfällt, ist die kleine *Träumerei*, die man früher in diesen »Great Musical Masterpieces for Piano«-Sammlungen fand, wie sie Theodore Presser herausbrachte und die um die Jahrhundertwende so beliebt waren.

Glenn Gould: Ich wette, das ist aus op. 9, das ich bis jetzt nicht gespielt habe. Ich habe op. 3 gespielt, das aus derben kleinen Stücken im Intermezzostil besteht. Die Stücke aus op. 3 haben keine Titel, die in op. 9 aber wohl. Das sind im großen und ganzen schwächere Stücke als die in op. 3.

Tim Page: Meine Sicht von Strauss ist unkonventionell. Obwohl man ihn oft für den Spätromantiker par excellence hält, sind meine Lieblingsstücke von Strauss die aus seinem Alter, aus seiner letzten Periode. Ich mag sehr die heitere, nostalgische und ungemein klassische Reinheit von solchen Werken wie *Daphne*, *Capriccio* und *Metamorphosen*.

Glenn Gould: Kennen Sie den Schriftsteller Jonathan Cott? Ein sehr interessanter Mann, mit dem ich befreundet bin. Wir haben uns nie gesehen; unsere Beziehung ist... ganz und gar telephonischer Art. Jonathan ist ein ergebener, *fanatischer* Straussianer von der lyrischsten Sorte, und er spricht mit der gleichen Ehrfurcht und Begeisterung wie Sie von Werken wie *Metamorphosen*, *Capriccio* und dem *Oboenkonzert*.

Es ist interessant: Als ich letztes Jahr eine Dokumentarsendung über Strauss machte, stellte ich fest, daß die letzten Stücke bei einer Reihe von jüngeren Leuten, mit denen ich sprach, starke Resonanz fanden... bei Jonathan Cott zum Beispiel und bei dem Komponisten Stanley Silverman. Silverman hat beträchtliche Vorbehalte gegen Strauss als Opernkomponist, liebt aber ebenfalls die späten Werke. Es sind die Elder Statesmen – wie Norman Del Mar, der das dreibändige Werk über Strauss geschrieben hat –, die nicht soviel von den letzten Stücken halten; aber ein junger Mann wie Jonathan gerät dabei in Verzückung. Erstaunlich – das genaue Gegenteil der Generationskluft, die man erwarten würde.

Tim Page: Aber in Strauss' mittlerer Periode gibt es *tatsächlich* einen Niedergang.

Glenn Gould: O ja, gar keine Frage. Ich habe ein Werk wie *Ariadne* nie ernst nehmen können – ich mag nicht mal den *Rosenkavalier*. Aber selbst ein Werk wie die *Alpensinfonie*... also, das ist ein Werk, das immer eine sehr schlechte Presse gehabt hat, aber es gibt *Momente* darin – auch wenn die Coda *endlos* dauert und er nicht zu wissen scheint, wie er von dem Orgelpunkt am Schluß loskommen soll [*lacht*] –, aber da gibt es diese Momente – eigentlich ganz lang gedehnte Passagen –, die sogar die besten von den frühen Tondichtungen in den Schatten stellen. Das hat nicht den strukturellen Zusammenhalt wie etwa *Till Eulenspiegel*, aber es gibt darin eine Ernsthaftigkeit der Absicht, die in den frühen Jahren einfach nicht da war. Und dann Stücke wie *Capriccio*! *Daphne* kenne ich nicht so gut; aber da Sie es jetzt erwähnen, werde ich es studieren müssen.

Tim Page: Es ist hinreißend. Die Oper *Friedenstag* kann man allerdings übergehen.

Glenn Gould: Ja, von *der* habe ich eine Partitur! [*lacht*] Wissen Sie, Strauss war ein viel abstrakterer Denker, als die meisten Leute glauben, und der einzige romantische Komponist nach Mendelssohn-Bartholdy, der nie gegen das verstoßen hat, was ich als *schlüssige* Baßlinie der Stimmführungskomponenten in der Struktur der Musik bezeichnen würde. (Manche Leute würden in der Beziehung auch einen Anspruch für Brahms anmelden, aber er vertut sich gelegentlich, und die übrige Zeit ist er so *verdammt* selbstgerecht, weil er sich *nicht* vertut.) *Metamorphosen* ist mein Lieblingsstück von Strauss, denn darin kommt er endlich mit der abstrakten Natur seiner eigenen Begabung zurecht. In gewisser Hinsicht ist das Strauss' *Kunst der Fuge*. Es ist ein *asexuelles* Werk, wenn Sie so wollen, ein Werk, das kein Geschlecht hat. Es könnte ebenso für die Orgel oder für die menschliche Stimme bestimmt sein wie für die dreiundzwanzig Solostreicher, für die es komponiert wurde. Aber ich habe den Faden verloren, denn ich wollte eigentlich nur betonen, wie schade es ist, daß Richard Strauss nicht mehr für das Klavier komponiert hat. Doch ich sage Ihnen gleich, daß ich ihm da nicht durch eine Transkription von *Metamorphosen* heraushelfen werde, denn so viele Finger habe ich nicht!

Tim Page: Sibelius gilt ebenfalls als Spätromantiker, aber wenn man mal die ersten paar Sinfonien ausnimmt, gibt es wenige Komponisten, die strenger und klassischer sind. Sie haben einiges von seiner Klaviermusik aufgenommen, die heute so gut wie unbekannt ist.

Glenn Gould: Ja, wenn man die kleinen Stücke innerhalb der Opusnummern mitzählt – Titel wie *Träumerei* oder *An eine Fichte* [*lacht*] oder dergleichen –, hat Sibelius so an die hundertsiebzehn Stücke fürs Klavier geschrieben. Die meisten davon sind völlig unbedeutend, aber von den drei Sonatinen, die ich aufgenommen habe, bin ich fasziniert. Sie haben die gleiche, ans Knausrige grenzende spartanische Kargheit, die man in den Sinfonien findet, aber ihr Idiom ist beinahe neoklassisch. Ganz erstaunlich, wenn man bedenkt, daß diese Sonatinen vor dem Ersten Weltkrieg entstanden sind, und trotzdem enthalten sie eine Antizipation des Nachkriegs-Zeitgeistes. Aber natürlich sind das keine Meisterwerke; nichts von dem, was Sibelius für das Klavier schrieb, war wirklich ein Meisterwerk. Er interessierte sich hauptsächlich für das Orchester. Ich *bewundere* aber, daß er, wenn er für das Klavier schreibt, nicht versucht, es zu einem Ersatzorchester zu machen. Es sind immer eindeutig Kompositionen für das Klavier.

Tim Page: Ich verstehe, daß die nordische Musik von Sibelius Sie ansprechen muß, denn Ihr Interesse am hohen Norden ist ja wohlbekannt. Sie haben ein Dokumentarhörspiel gemacht, das den Titel »Die Idee des Nordens« trägt, und ich meine mich zu erinnern, daß Sie einmal gesagt haben, es sei schwierig, in den hohen Norden zu gehen, ohne zu einem Philosophen zu werden.

Glenn Gould: Was ich gesagt habe, war eigentlich, daß die meisten Leute, die ich kennengelernt habe und die sich wirklich auf den Norden eingelassen haben, am Ende, wie verworren auch immer, Philosophen zu *sein* schienen. Diese Leute, die ich kennengelernt habe, waren Regierungsbeamte, Universitätsprofessoren und so weiter – Leute, die in einer Umgebung mit sehr starken Anpassungszwängen gelebt hatten. Keiner von ihnen stammte aus dem Norden; sie haben sich alle aus dem einen oder anderen Grund dazu entschlossen, dort zu leben. Was immer ihr Motiv gewesen sein mag, in den Norden zu gehen – und das war von Person zu Person verschieden –, jeder einzelne schien einen besonderen Prozeß zu durchlaufen, der sein Leben entscheidend verändert hat.

Anfangs haben die meisten dieser Leute sich gegen die Veränderung gesträubt; sie klammerten sich an irgend etwas, nahmen Kontakt zu Freunden auf, sahen zu, daß ihr Abo für den *New Yorker* in Ordnung war und so weiter. Aber nach einer Weile kamen sie gewöhnlich an einen Punkt, wo sie sich sagten: »Nein, *dafür* bin ich ja nicht hierhergekommen.«

Im allgemeinen habe ich festgestellt, daß die Leute, die es lange genug aushielten und die sich von der Neugierde lösen konnten, was wohl ihre Kollegen dächten oder wie die Welt auf das reagierte, was sie getan hatten, sich in erstaunlicher Weise entwickelten und eine extreme Verwandlung durchmachten.

Aber ich glaube, das kann für jeden gelten, der sich entschließt, abgeschieden zu leben – sogar mitten in Manhattan. Ich glaube nicht, daß der Breitengrad dabei wirklich von Belang ist. Ich habe den »Norden« als eine brauchbare Metapher gewählt. Es mag sein, daß der Norden manchmal dabei behilflich sein kann, Leute aus einer Situation zu befreien, aus der sie sich anders nicht lösen konnten; es mag sein, daß es anregend ist, in den beiden Juliwochen während der Blütezeit die Blumenmeere auf der Tundra zu sehen, aber ich glaube nicht, daß es der Breitengrad war, der diese Leute zu Philosophen gemacht hat – wenn sie das wirklich geworden sind. Nein, es lag daran, daß sie sich sagten: Es ist mir völlig *egal*, was meine Kollegen an der Universität von Füllen-Sieden-Vordruck-aus oder im Außenministerium von dieser Einsamkeit halten, denn *ich* werde das machen, und *ich* werde dabei etwas entdecken!«

Tim Page: Ein Läuterungsprozeß.

Glenn Gould: Ja. Zu diesem Prozeß hätte es ebensogut kommen können, wenn diese Leute sich einfach in ihrem Schrank eingeschlossen hätten ... obwohl das visuell wohl weniger reizvoll gewesen wäre.

Tim Page: Sie meinen also wirklich die körperliche »Idee« des Nordens.

Glenn Gould: Ganz genau.

Tim Page: In Ihren Dokumentarhörspielen haben Sie oft eine Technik verwendet, bei der drei oder mehr Stimmen gleichzeitig sprechen, was es sehr schwierig macht, sich auf einen einzigen Satz oder eine einzige Vorstellung zu konzentrieren. Sie haben das als »kontrapunktisches Radio« bezeichnet.

Glenn Gould: Ja. Ehrlich gesagt glaube ich nicht, daß man im Radio jedes einzelne Wort verstehen muß. Man hebt gerade so viele Schlüsselworte im ... Satz des Gegenthemas hervor, wenn Sie so wollen, daß die Hörer wissen, daß diese Stimme immer noch spricht, aber das erlaubt ihnen trotzdem, sich auf die erste Stimme oder die ersten Stimmen zu konzentrieren und die anderen als eine Art von Basso continuo zu behandeln.

Wir haben eine lange und großartige Rundfunktradition, aber in dieser Tradition war alles im Radio immer sehr, sehr linear. Erst sprach die eine Person, dann kam die nächste, und manchmal unterbrachen sie sich mit einem »und« oder einem »aber«. Es haben nie zwei Leute gleichzeitig gesprochen; das machte keinen Sinn. Ich bin in dieser besonderen Tradition groß geworden und hatte ungeheuren Spaß an ihren Produkten. Trotzdem hatte ich immer das Gefühl, es gebe eine musikalische Dimension im gesprochenen Wort, die völlig ignoriert wurde.

Ich habe den Ausdruck »kontrapunktisches Radio« als Reaktion auf eine bestimmte Kritik geprägt. Als »Die Idee des Nordens« 1967 zum erstenmal ausgestrahlt wurde, war das Modewort »aleatorisch«, und ein paar Kritiker waren schnell bei der Hand, diesen Ausdruck auf meine Arbeit anzuwenden. *Nichts* hätte weiter von der Wahrheit entfernt sein können, und um diesem Eindruck zu begegnen, fing ich an, vom »kontrapunktischen Radio« zu sprechen, womit ich auf eine hochorganisierte Disziplin hindeuten wollte – die nicht notwendig in jedem Fall zu einer Fuge führt, bei der aber jede Stimme ihr eigenes, ganz außerordentliches Leben führt und sich an bestimmte Parameter der harmonischen Disziplin hält. Ich habe sehr genau darauf gehört, wie die Stimmen zusammenkamen oder in welcher Weise sie einander abstießen, sowohl im Hinblick auf den tatsächlichen Klang als auch hinsichtlich dessen, was gesagt wurde.

Im Moment arbeite ich an einem Entwurf, von dem ich aber nicht glaube, daß ich ihn früher als in etwa einem Jahr angehen kann, aber dann möchte ich für den Rundfunk ein Gegenstück zu Tallis' vierundsechzigstimmiger Motette produzieren [*lacht*] – aber ich habe nicht vor, mehr darüber zu sagen, sonst geht die ganze Sache noch schief!

Tim Page: Mit einigen dieser Ideen haben Sie auch im Fernsehen gearbeitet.

Glenn Gould: Ja, ich habe für das Fernsehen ein Drehbuch für eine Sendung über die Fuge geschrieben, die zu einer fünfteiligen Sendereihe über Bach gehört, die ich für eine deutsche Gesellschaft mache. Ich hatte wirklich ziemliche Mühe mit diesem Projekt, denn die groben Richtlinien sehen vierzig Minuten Musik und nur zwanzig Minuten Sprache vor. Es ist völlig unmöglich, innerhalb von zwanzig Minuten irgendwelche wichtigen Überlegungen über das Wesen der Fuge mitzuteilen.

In meiner Fernseharbeit gibt es auch nichts Aleatorisches. In dem Film gibt es eine Diskussion zwischen mir und dem Regisseur, die spontan wirken wird. In Wirklichkeit wird das das Produkt von monatelanger harter Arbeit, von Feilen am Drehbuch und von Proben sein.

Tim Page: Um wieder auf Ihre Klavieraufnahmen zurückzukommen: ich würde gern über Ihre oft zitierte Aussage sprechen, wonach die einzige Rechtfertigung dafür, ein Werk aufzunehmen, darin besteht, es anders zu spielen.

Glenn Gould: Das stimmt, aber ich habe immer sofort hinzufügen wollen, *wenn* nicht in musikalischer oder organischer Hinsicht etwas Triftiges für diese Andersheit spricht, sollte man das Werk besser nicht aufnehmen.

Ich bin in der Beziehung nicht ohne Makel, denn es gibt Werke, die ich einfach der Vollständigkeit halber aufgenommen habe und von denen ich ganz und gar nicht überzeugt war.

Tim Page: Gilt dies auch für Mozarts Klaviermusik? Es kommt mir so vor, als seien einige Ihrer Einspielungen der Sonaten vielleicht Ihre am wenigsten gelungenen Schallplatten.

Glenn Gould: Ja, ein paar von den späteren Mozart-Sonaten. Die frühen Werke mag ich, die mittleren auch, die späteren Sonaten mag ich *nicht;* ich finde sie unerträglich, überladen mit quasitheatralischem Getue, und ich kann allerdings sagen, daß ich an die Aufnahme eines Stücks wie der *Sonate B-Dur* KV 570 ohne jede Überzeugung herangegangen bin. Es wäre ehrlich gewesen, diese Werke ganz auszulassen, aber der Zyklus mußte komplettiert werden.

Tim Page: In Beethovens Werk gibt es auch manches, von dem Sie nicht gerade begeistert sind.

Glenn Gould: Zu Beethoven habe ich eine sehr ambivalente Meinung. Ich habe überhaupt keine vernünftige Erklärung dafür, warum seine bekanntesten Werke – die *Fünfte Sinfonie*, das *Violinkonzert*, das *Klavierkonzert Nr. 5*, die *Waldsteinsonate* – je populär geworden sind, noch viel weniger dafür, warum sie ihre Anziehungskraft bewahrt haben. Nahezu jedes Merkmal, das ich in bedeutender Musik anzutreffen erwarte – harmonische und rhythmische Vielfalt, kontrapunktische Invention –, fehlt in diesen Stücken fast völlig. In seiner mittleren Periode, die diese Werke hervorgebracht hat, bot uns Beethoven das schlimmste historische Beispiel eines Komponisten, der auf einem Egotrip ist, eines Komponisten, der völlig sicher war, daß ganz gleich, was er tat, einfach deshalb gerechtfertigt war, weil er es tat! Ich weiß nicht, wie man sonst das Vorherrschen jener leeren, banalen, kriegerischen Gesten erklären soll, die in dieser mittleren Periode als seine Themen fungieren. Die späteren Jahre sind eine ganz andere Geschichte – meine Lieblingssinfonie von Beethoven ist die *Achte*, mein Lieblingssatz in all seinen Sonaten ist der erste aus op. 101, und die *Große Fuge* ist für mich nicht nur das bedeutendste Werk, das Beethoven je geschrieben hat, sondern so ungefähr das erstaunlichste Stück in der Musikliteratur überhaupt. Aber selbst die späten Werke sind erstaunlich inkonsistent – beispielsweise glaube ich nicht, daß der Rest von op. 101 viel mit dem außerordentlichen ersten Satz zu tun hat, abgesehen von jenem Zitat kurz vor dem Finale.

Alles in allem würde ich sagen, daß Beethovens hervorragendste Werke, was die Konsistenz betrifft, jene aus seiner früheren Periode sind, bevor sein Gehör nachließ – machen wir uns nichts vor, das *hat* sein späteres Werk beeinträchtigt – und bevor sein Ego vollständig das Kommando übernahm. Fast alle jene frühen Klavierwerke sind makellos ausbalanciert – von oben bis unten, Register für Register. In diesen Stücken stimmte all das, wofür Beethoven ein

Gespür hatte, Struktur, Phantasie, thematische Kontinuität, harmonischer Antrieb und kontrapunktische Disziplin, absolut, ja, auf *wunderbare Weise* überein. Ich meine die *Sonaten* op. 26 und 28 und die *Variationen* wie jenes wundervolle Stück op. 34. Diese Werke vermitteln ein solches Gefühl des Friedens, sie haben eine so wunderbare, pastorale Ausstrahlung, und jede Textur ist so sorgfältig ausgearbeitet wie in einem Streichquartett. Was ich jetzt sagen werde, wird Sie vielleicht überraschen – angeblich haben Musiker ja einen raffinierten Geschmack –, aber ich glaube, daß eines von Beethovens wirklichen Meisterwerken die *Mondscheinsonate* ist.

Aber auch was diese frühen Jahre angeht, muß ich doch sagen, daß Mr. Beethoven und ich uns nicht einig sind, was gute Musik ausmacht. Um 1801 hat Beethoven einen Brief geschrieben, in dem er behauptete, daß op. 22 seine bis dahin beste Klaviersonate sei. Und sosehr ich die frühen Sonaten mag – und ich mag sie *wirklich* –, so ist doch ein Blindgänger darunter ... und das ist op. 22.

Tim Page: Glauben Sie, daß es Zeit für eine Rückkehr zu epischen Formen ist? Viele Künstler scheinen zu glauben, daß es in den nächsten zehn Jahren dazu kommen wird.

Glenn Gould: Ich versuche es zu vermeiden, in solchen Verallgemeinerungen über musikalische oder künstlerische Trends nachzudenken. Wenn ich sagen würde: »Ja, es ist Zeit für eine Wiederkehr des Epos«, so würde das voraussetzen, daß es einen Zeitpunkt in der Vergangenheit gegeben hat, zu dem es *nicht* richtig war, ein Epos hervorzubringen. Und ich glaube nicht, daß das notwendig der Fall ist.

Schauen wir uns das Jahr 1913 an – nein, nein, besser noch das Jahr 1912. Arnold Schönberg schreibt *Pierrot lunaire*, Webern arbeitet an den kurzen Stücken, die unmittelbar nach seinen Streichquartett-Miniaturen kommen, und Berg komponiert die *Altenberg-Lieder*. Wenn die Welt zu diesem Zeitpunkt stehengeblieben wäre, müßte ein Historiker sagen: »Das Zeitalter des Epos ist vorüber; wir befinden uns jetzt in einem Zeitalter der Fragmentierung und des Zusammenbruchs der Idee der großen, langatmigen, kontinuierlichen Linie in der Musik.« Ich *kann* einfach *nicht* glauben, daß das ein zutreffendes Resümee des Jahres 1912 wäre – auch wenn viele Musikhistoriker die damals vorherrschenden Tendenzen so beschreiben würden. Denn zur gleichen Zeit arbeitete Jean Sibelius am ersten Entwurf seiner *Fünften Sinfonie*, die gewiß einem Epos näherkommt als einem Fragment! Ich glaube nicht, daß ich das weiter ausführen muß, um auf die völlige Absurdität aufmerksam zu machen, die solchen Verallgemeinerungen zugrunde liegt.

Ich finde es sehr beunruhigend, wenn ich über die lemminghaften Tendenzen nachdenke, die Künstler im allgemeinen übernehmen – Sie verstehen: wenn dieses Jahr der *Anti*held in ist, ist nächstes Jahr wieder der Held an der Reihe. Das sollte nicht von Belang sein; von alldem sollte man frei sein.

Tim Page: Eine Frage, die in die gleiche Richtung geht: Was, würden Sie sagen, sind die entscheidenden Probleme, mit denen sich ein Komponist 1980 konfrontiert sieht?

Glenn Gould: *Also* ... Das weiß ich wirklich nicht. Ich bin unfähig, auf eine Situation zu reagieren, in der eine vom Zeitgeist bestimmte Tendenz unterstellt, daß eine bestimmte Motivation für mehr als nur ein Individuum adäquat oder angemessen ist. Ich möchte eine Welt sehen, in der sich niemand darum kümmert, was irgend jemand anders treibt – in der dieses ganze Syndrom des Gruppendenkens, von wegen »Wenn ihr einen C-Dur-Akkord dreißig Minuten lang aushaltet, dann halten wir ihn einunddreißig Minuten lang aus«, völlig verschwindet. Das ist kein ganz neues Problem – vor zwanzig Jahren hat es sich nur anders manifestiert.

Aus diesem Grunde verfolge ich kein persönliches Interesse. Ich kann nicht sagen: »Ich möchte sehen, daß das tonale System in seiner ganzen ursprünglichen Pracht wieder bejaht wird« oder: »Ich möchte eine Rückkehr zum reinen Babbitt-Serialismus von zirka 1959 sehen.« Was ich sehen *möchte*, ist eine Situation, in der es die besonderen Zwänge und Polarisierungen, die diese Systeme unter ihren Anhängern und Gegnern hervorgerufen haben, einfach nicht geben würde.

Ich würde meinen, daß es furchtbar schwierig sein muß, sich in der New Yorker Musikszene zu bewegen, es sei denn, man würde einfach dort leben und sehr bestimmt *nicht* dazugehören. Ich finde es sehr deprimierend, wenn ich von Situationen höre, in denen diese stark von Konkurrenz und Nachahmung geprägte Vorstellung davon, was au courant ist, die Kreativität bestimmt. Ich kann mir nichts *Unwichtigeres* vorstellen.

Am letzten Contrapunctus in der *Kunst der Fuge* finde ich sehr bewegend, daß Bach diese Musik gegen *jede nur denkbare Tendenz* der Zeit geschrieben hat. Er hatte die Modulationsmuster, die er selbst sechs oder sieben Jahre zuvor erfolgreich in den *Goldberg-Variationen* und im zweiten Teil des *Wohltemperierten Klaviers* verwendet hatte, aufgegeben und schrieb in einer leichteren, weniger klar definierten Frühbarock-/Spätrenaissance-Manier. Es war, als wollte er der Welt sagen: »Mir ist es jetzt *egal;* ich habe keine Italienischen Konzerte mehr auf Lager; *das hier* ist es, woran mir liegt!«
Tim Page: Eine letzte Frage, Glenn. Wenn ein Plattenladen von der Erde ins All fliegen würde und unsere Musik würde von fremden Wesen gefunden, die nicht wüßten, unter welchen Umständen sie komponiert wurde, was die Stücke vorstellen sollten oder welchen Ruf der Komponist hatte, welche Stücke würde sich diese Gemeinschaft fremder Wesen zu Herzen nehmen? Welche Stücke würden in dieser Situation außerhalb jedes Zusammenhangs die ersten zehn Plätze ihrer Hitparade belegen?
Glenn Gould: [*lacht*] Noch einmal, ich weiß nicht so recht, wie ich darauf antworten soll! Aber ich möchte sagen, ein Komponist, der es nicht schaffen würde, in die Hitparade zu kommen – außer mit den letzten Stücken und ein paar von den ersten –, ist Beethoven. Er ist ein Komponist, dessen Ruf ganz und gar auf Tratsch beruht. Die *Große Fuge* würde es schaffen, die frühen Klaviersonaten auch, vielleicht die *Quartette* op. 18, aber ich glaube nicht, daß im All Raum für die *Fünfte Sinfonie* ist. Überhaupt nicht.

(Aus: Glenn Gould, *Schriften zur Musik*, 2 Bde, hrsg. und eingeleitet von Tim Page, München 1992, Bd. 2, S. 295–310. Erstveröffentlichung in *Piano Quaterly*, Herbst 1981.)

1 *Toronto 1934. Photographie von Russell Herbert Gould, Glenns Vater*

2 *Toronto 1947*

3 *Glenn Gould mit seinem Klavierlehrer Alberto Guerrero. Toronto 1947*

4 *Im CBS-Studio, New York 1955. Photographie von Dan Weiner*

5 *Im CBS-Studio, New York 1955. Photographie von Dan Weiner*

6 *Im CBS-Studio, New York 1955. Photographie von Dan Weiner*

7 *Im CBS-Studio, New York 1955. Photographie von Dan Weiner*

8 *Im CBS-Studio, New York 1955. Photographie von Dan Weiner*

9 *Im CBS-Studio, New York 1955. Photographie von Dan Weiner*

10 New York 1955. Photographie von Dan Weiner

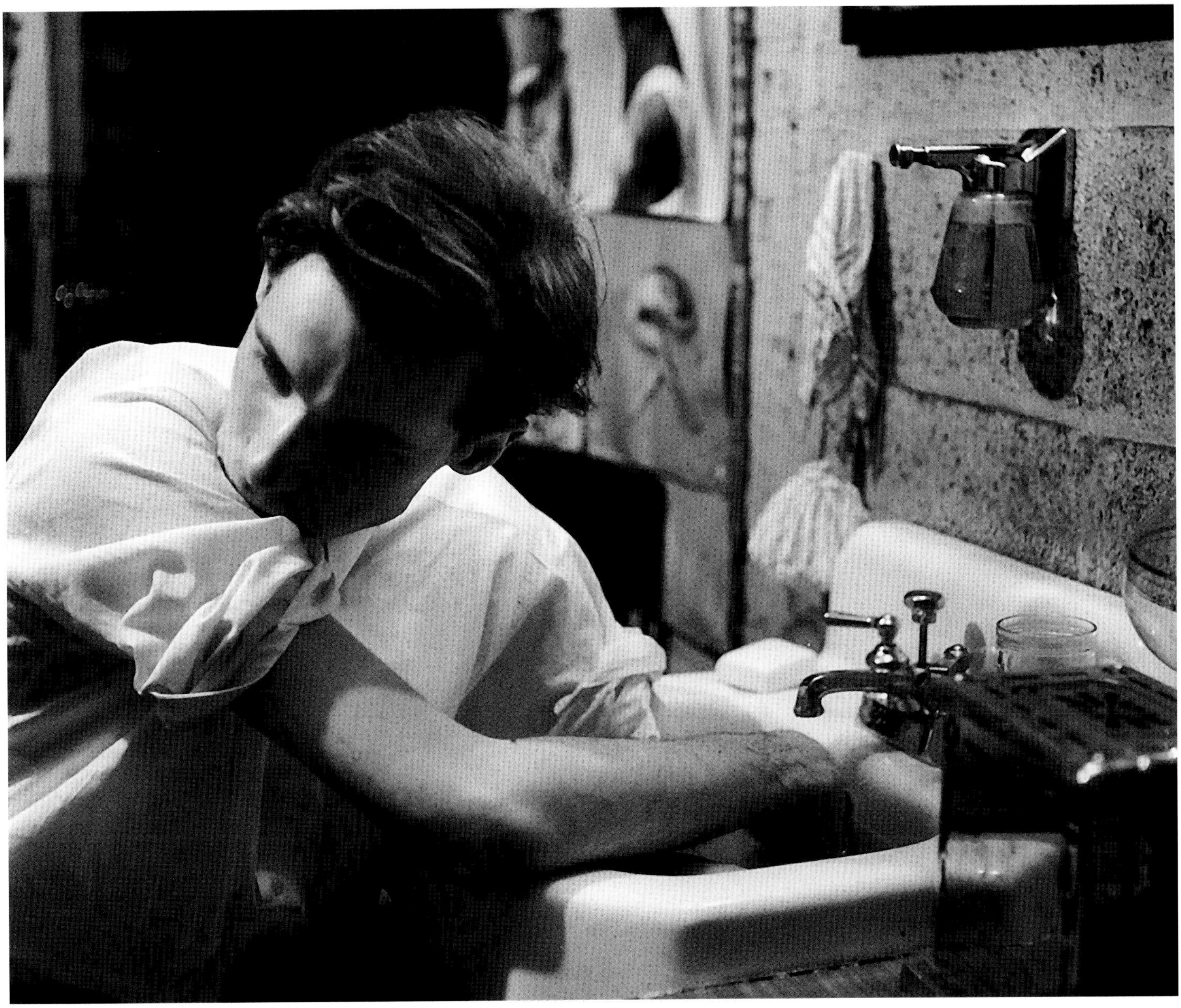

11 *New York 1955. Photographie von Gordon Parks*

12 *Um 1955. Portrait von Don Hunstein*

13 *New York 1955*

14 *Im CBS-Studio, New York 1955. Photographie von Dan Weiner*

15 *Im CBS-Studio, New York 1955. Photographie von Dan Weiner*

16 *Im CBS-Studio, New York 1955. Photographie von Dan Weiner*

17 *Im CBS-Studio, New York 1955. Photographie von Dan Weiner*

18 *Im CBS-Studio, New York 1955. Photographie von Dan Weiner*

19 *Im CBS-Studio, New York 1955. Photographie von Dan Weiner*

 Im CBS-Studio, New York, April 1957

21 *Mit seinem ersten Produzenten Howard Scott im CBS-Studio, New York, um 1955/56.*
Photographie von Gordon Parks

 Mit seinem ersten Produzenten Howard Scott im CBS-Studio, New York, um 1955/56. Photographie von Gordon Parks

23 Im CBS-Studio, New York 1957. Photographie von Don Hunstein

 Im CBS-Studio, New York, April 1957

25 *Im CBS-Studio, New York, April 1957. Photographie von Don Hunstein*

 Glenn Goulds Klavierstuhl, März 1956. Photographie von Jock Carroll

27 *Toronto, März 1956. Photographie von Jock Carroll*

 Toronto, März 1956. Photographie von Jock Carroll

29 *Toronto, März 1956. Photographie von Jock Carroll*

30 *Nassau, Bahamas, Frühjahr 1956. Photographie von Jock Carroll*

31 *Nassau, Bahamas, Frühjahr 1956. Photographie von Jock Carroll*

 Nassau, Bahamas, Frühjahr 1956. Photographie von Jock Carroll

33 *Nassau, Bahamas, Frühjahr 1956. Portraitstudie von Jock Carroll*

34 *Nassau, Bahamas, Frühjahr 1956. Photographie von Jock Carroll*

35 *Nassau, Bahamas, Frühjahr 1956. Photographie von Jock Carroll*

 Nassau, Bahamas, Frühjahr 1956. Photographie von Jock Carroll

37 *Nassau, Bahamas, Frühjahr 1956. Photographie von Jock Carroll*

38 *Nassau, Bahamas, Frühjahr 1956. Photographie von Jock Carroll*

39 *Nassau, Bahamas, Frühjahr 1956. Photographie von Jock Carroll*

 Nassau, Bahamas, Frühjahr 1956. Photographien von Jock Carroll

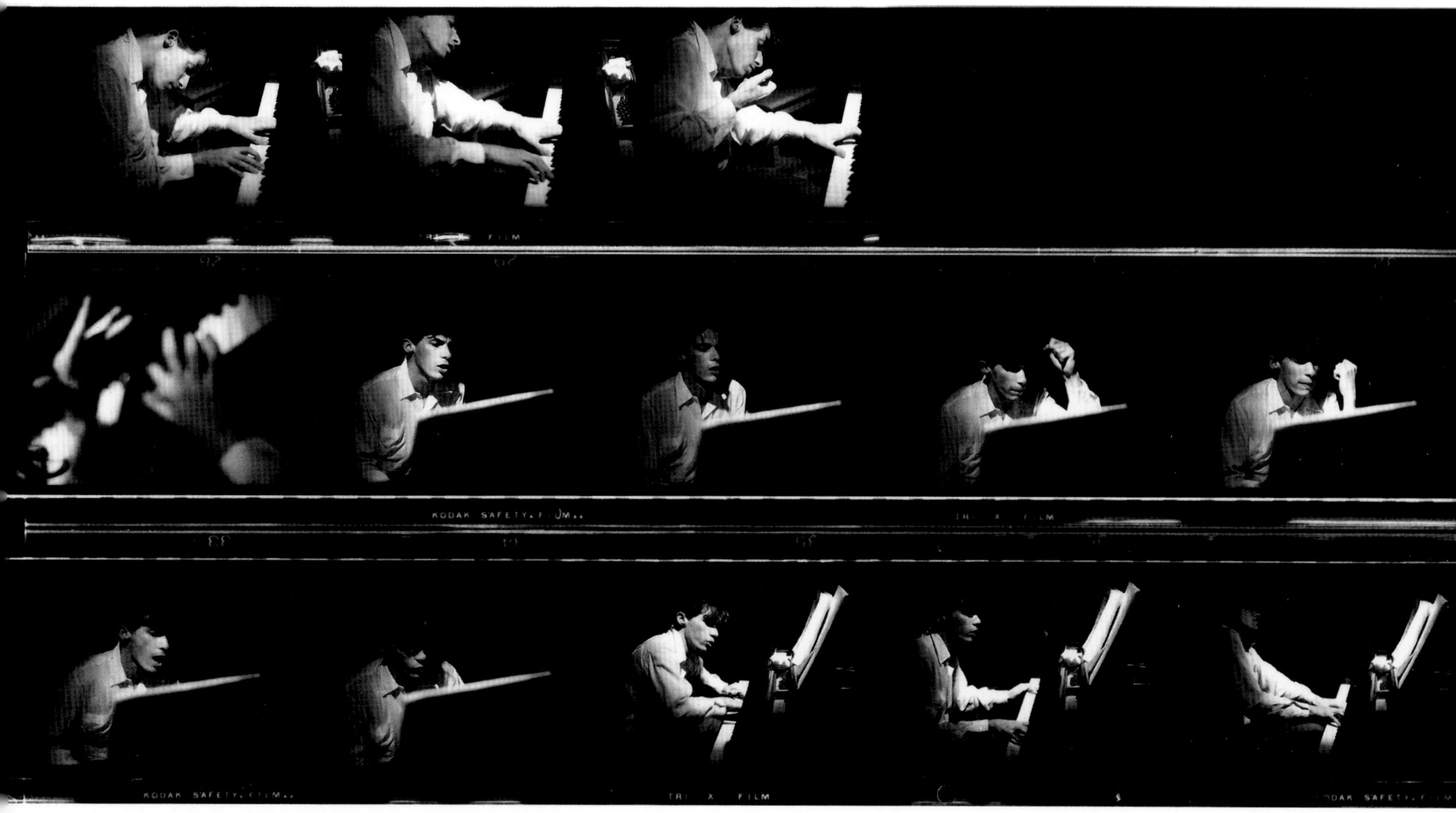

41 *Nassau, Bahamas, Frühjahr 1956. Photographien von Jock Carroll*

 Massey Hall, Toronto, März 1956. Photographie von Jock Carroll

43 *Während eines Konzerts in Leningrad, 18. 5. 1957*

STEINWAY

 Proben der »Ode to Napoleon« op. 41 von Arnold Schönberg mit dem Montreal String Quartet, Stratford, Juli 1956

45 *Proben mit dem Montreal String Quartet, Stratford, Juli 1956*

46 *Proben mit dem Montreal String Quartet, Stratford, Juli 1956*

47 *Während der Europa-Tournee im Sommer 1957*

48 Während der Europa-Tournee im Sommer 1957

49 Während der Europa-Tournee im Sommer 1957

50 Ende der 50er Jahre. Photographie von Herb Nott

51 *Während eines Konzerts mit dem Israel Philharmonic Orchestra in Tel Aviv, Ende 1958. Photographie von Isaac Berez*

 Handstudie

© 1995 by Arnold Newman

53 *1958. Portraitstudie von Arnold Newman*

54 *Am Ontario-See, Ende der 50er Jahre. Photographie von Jock Carroll*

55 *Am Ontario-See, Ende der 50er Jahre. Photographie von Jock Carroll*

57 *Januar 1958*

58 *Während einer Orchesterprobe, 1958. Photographie von Jack Gould*

59 Während einer Orchesterprobe, 1958. Photographie von Jack Gould

60 *Während einer Orchesterprobe, 1958. Photographie von Jack Gould*

61 Während einer Orchesterprobe, 1958. Photographie von Jack Gould

62 *Während einer Orchesterprobe, 1958. Photographie von Jack Gould*

63 *Ende der 50er Jahre. Portraitstudie von Don Hunstein*

 Glenn Gould an der Orgel, 1962. Detailstudie von Roy D. Martin

65 *Während eines Konzerts Anfang der 60er Jahre*

 März 1963. Photographie von Don Hunstein

67 *New York, Juli 1965. Photographie von Don Hunstein*

68 *New York, Mai 1965. Photographie von Don Hunstein*

69 *New York, Mai 1965. Photographie von Don Hunstein*

 New York, Mai 1965. Photographie von Don Hunstein

71 *In Glenn Goulds Apartment in Toronto, 1973. Photographie von Cornelius Meffert*

 Glenn Goulds Apartment in Toronto

73 *In Glenn Goulds Apartment in Toronto, 1973. Photographie von Cornelius Meffert*

 Massey Hall, Toronto 1973. Photographie von Cornelius Meffert

75 Massey Hall, Toronto 1973. Photographie von Cornelius Meffert

76 Während eines Spaziergangs in der Nähe von Toronto, 1973. Photographie von Cornelius Meffert

Während eines Spaziergangs in der Nähe von Toronto, 1973. Photographie von Cornelius Meffert

78 *Im Park des Hotels »Inn on the Park«, Toronto, April 1974. Photographie von Don Hunstein*

79 *Im Eaton Auditorium während des Umbaus, Toronto, Mai 1978. Photographie von Don Hunstein*

 Im CBC Jarvis Studio, Toronto, April 1980.

81 *Im CBC Jarvis Studio, Toronto, April 1980. Photographie von Don Hunstein*

 New York, Juni 1980. Photographie von Don Hunstein

83 New York, Juni 1980. Photographie von Don Hunstein

Während der Studioaufnahmen zu »Les chemins de la musique«, Toronto, Januar 1974. Photographie von Roy D. Martin

85 *Während Studioaufnahmen, Toronto, Januar 1974. Photographie von Roy D. Martin*

86 *Während Studioaufnahmen, Toronto, Januar 1974. Photographie von Roy D. Martin*

87 *New York, Mai 1981. Photographie von Patrick Guis*

88 *Anfang der 80er Jahre. Photographie von Don Hunstein*

89 *Toronto 1981. Photographie von Alfred Eisenstaedt*

Biographie

1932 Glenn Gould wird am 25. September in Toronto geboren. Er ist das einzige Kind des Pelzhändlers Russell Herbert Gould und der Gesangslehrerin Florence Greig-Gould. Mütterlicherseits ist Gould über einige Verzweigungen der ursprünglich aus Schottland stammenden Familie mit dem norwegischen Komponisten Edvard Grieg verwandt.

1933 Auf dem Schoß der Großmutter unternimmt er seine ersten Versuche am Klavier. Es heißt, daß bereits der Einjährige einzelne Töne anschlug und ihrem Verklingen nachlauschte.

1935 Die Mutter beginnt ihm erst sporadisch, dann regelmäßig Klavierunterricht zu erteilen.

1938 Im Juni begleitet er vor einer gemeinsamen Bibelstunde ein Gesangsduett seiner Eltern an der Orgel. Im Dezember hat er seinen ersten öffentlichen Auftritt mit einer Klavierkomposition vor der Kirchengemeinde der Emmanuel Presbyterian Church in Toronto. Im Programm ist er als »Glen Gould« angekündigt; sein Leben lang wird er seinen Vornamen mit nur einem »n« schreiben. Er besucht – ungern – die Williamson Public School, allerdings mit dem Privileg eines privaten Stundenplans.

1940 Die Mutter führt den Siebenjährigen dem Toronto Conservatory of Music (TCM) als musikalisches und medizinisches Phänomen vor. Er besteht die Prüfung in »Grade 4« im Fach Klavier und erhält die höchste Punktzahl der Provinz Ontario. Im Herbst wird ihm die Silbermedaille des Konservatoriums verliehen. Er beginnt, bei Leo Smith Stunden in Musiktheorie zu nehmen, die er bis 1947 beibehalten wird.

1942 Er nimmt Orgelstunden bei Frederick C. Silvester. Die Entdeckung der Polyphonie und vor allem des Kontrapunkts, den er als das oberste musikalische Ordnungsprinzip betrachtet, führt ihn zur Musik Bachs.

1943 Der Chilene Alberto Guerrero wird sein neuer Klavierlehrer am TCM.

1944 Sein erster Auftritt in einem größeren, offiziellen Rahmen beim Kiwanis-Festival in Toronto bringt ihm den ersten Preis in der »Piano Trophy Competition« ein.

1945 Für seine erste Radiosendung – ein Konzertmitschnitt, ausgestrahlt von CBC – erhält er ein Honorar von 10 Dollar.

Ab September bis 1951 besucht er, wiederum mit Sonderkonditionen und wiederum mit nur mäßigem Erfolg, das Malvern Collegiate-Gymnasium.
Sein erster öffentlicher Auftritt als Organist findet am 12. Dezember im Eaton Auditorium statt, einem Veranstaltungssaal im obersten Stockwerk des größten Warenhauses von Toronto. Hier werden später fast alle seine Einspielungen für die CBS entstehen.

1946 Am 8. Mai gibt er sein Konzertdebut (den 1. Satz von Beethovens 4. Klavierkonzert) mit dem Symphonieorchester des TCM. Im Oktober erhält er als jüngster Absolvent das »Associate«-Diplom des TCM für seine Interpretation einer Beethoven-Sonate und eines Impromptus von Chopin.

1947 Am 20. Oktober findet Goulds erstes offizielles Solokonzert im Eaton Auditorium statt; er spielt

Scarlatti, Beethoven, Couperin, Chopin, Liszt und Mendelssohn-Bartholdy. Der Manager Walter Homburger nimmt den Vierzehnjährigen unter Vertrag.

1948 Erste ernsthafte Kompositionen – im Stil von Palestrina und Webern – entstehen. Die kanadischen Medien werden auf das junge Genie aufmerksam.

1949 Seine Konzertaktivitäten nehmen allmählich zu: vier Konzerte 1949, sechs 1950, acht 1951 ...

1950 Sein Repertoire nimmt immer deutlichere Konturen an: Bach und – mit Vorbehalten – Mozart und Beethoven einerseits; Hindemith, Prokofjew und Schönberg andererseits.
Am 24. Dezember sendet die Canadian Broadcasting Corporation (CBC) eine erste Studioaufnahme von Gould mit Werken von Mozart und Hindemith. Die CBC-Studios werden für seinen späteren Erfolg eine wichtige Rolle spielen.

1951 Im Sommer verläßt er, ohne Abschluß, das Malvern College.

1952 Er trennt sich von seinem Klavierlehrer Guerrero und zieht sich in die Einsamkeit eines Wochenendhauses der Familie am Lake Simcoe zurück, 80 Meilen nördlich von Toronto. Hier findet er endgültig zu seinem eigenen Stil.

1953 Die erste Platte erscheint unter dem Label Hallmark: Stücke für Klavier und Violine von Schostakowitsch, Tanejew und Prokofjew und die Klaviersonate op. 1 von Berg. Im Juli tritt er erstmals beim jährlich stattfindenden Festival von Stratford/Ontario auf.

1955 Der internationale Erfolg beginnt: Am 2. Januar spielt er in Washington, am 11. 1. in der Town Hall, New York. Trotz des schwierigen Programms (Bach, Sweelinck, Webern, Gibbons, Berg) wird er derart gefeiert, daß ihm die Plattenfirma CBS einen Tag nach dem New Yorker Konzert einen Vertrag auf Lebenszeit anbietet. Als erste Aufnahme setzt er Bachs *Goldberg-Variationen* durch, die zu einem der größten Klassik-Bestseller aller Zeiten werden. Gould gilt ab sofort als *der* maßgebliche Bach-Interpret. Er verläßt das Elternhaus und zieht in ein zentraler gelegenes Apartment, das er zeitlebens behalten und als Übungsraum nutzen wird.

1956 Für CBS spielt er die letzten drei Beethoven-Sonaten ein. Im Juli dirigiert er Schönbergs *Ode to Napoleon* auf dem Stratford-Festival, zu dessen Co-Direktor er ernannt wird. Auch sein Streichquartett wird hier uraufgeführt.
Toronto verleiht ihm den »City Council Prize«.

1957 Im Januar spielt er mit Leonard Bernstein als Dirigent Beethovens 2. Klavierkonzert in New York. Als sein Steinway 174 im März vom Lastwagen stürzt, kommentiert er: »... der Steinway ist gestorben, bald werde auch ich mich zurückziehen.« Von seinem Rückzug aus dem Konzertleben mit dreißig spricht er seit seinem 18. Geburtstag.
Im Mai tritt er seine erste Europa-Tournee an. Er gibt als erster nordamerikanischer Pianist Gastspiele in Moskau und Leningrad, insgesamt acht Konzerte. Anschließend spielt er in Berlin Beethovens 3. Klavierkonzert unter der Leitung Herbert von Karajans; im Juni folgt ein Soloabend (überwiegend Bach) in Wien.

1958 Eine schwere Krise kündigt sich an: Mitten in Konzerten ändert er Programmpunkte, weil er »nicht geübt« habe, er verspielt sich und verpaßt Einsätze bei Klavierkonzerten. Während seiner zweiten Europa-Tournee, die Ende August beginnt (Salzburg, Brüssel, Berlin, Stockholm, Wiesbaden), erkrankt er. Er muß unterbrechen und erholt sich einen Monat lang im Hamburger Hotel »Vier Jahreszeiten«. Von November bis Dezember setzt er die Tournee fort, mit Konzerten in Rom, Florenz, Jerusalem und Tel Aviv.

1959 Im Februar wird ihm in London die Bach-Medaille der Harriet Cohen Music Awards verliehen. Im August spielt er zum letztenmal in Europa: bei den Luzerner Musikfestwochen Bachs d-moll Konzert für Klavier und Streicher mit Karajan.

1960 Er verklagt Steinway, weil ihn ein Techniker angeblich am Arm verletzt habe. Gleichzeitig beginnt er, mit Steinway den Flügel 318 (Baujahr 1938/39) umzuarbeiten, was ihn die kommenden sieben Jahre beschäftigen wird. Auf diesem Instrument wird er die meisten seiner Live-Konzerte und Plattenaufnahmen spielen. Im Dezember zahlt Steinway freiwillig die geforderten 300 000 Dollar Schadenersatz.

1961 Am 6. Februar strahlt CBC sein eigentliches Debut als Fernsehmoderator aus. *The Subject is Beethoven* ist die erste von zahlreichen folgenden Sendungen, die ihrem Konzept nach eher Vorlesungen über Musik sind und ihm letztlich eine Alternative zum herkömmlichen Konzertbetrieb mit Live-Auftritten und direktem Publikumskontakt bieten.

1962 Inoffiziell, aber definitiv kündigt er seinen Rückzug vom Konzertpodium für die nächste Saison an. Leonard Bernstein distanziert sich vor der Aufführung von Brahms' 1. Klavierkonzert am 6./8. April in New York öffentlich von Goulds Interpretation.

1963 Er beginnt, an Universitäten in den USA und Kanada Vorlesungen zu halten, von denen »Schönberg: A Perspective« 1964 als Buch erscheint.

1964 Am 10. April tritt er in Los Angeles zum letztenmal öffentlich auf (Bach, Hindemith und Beethovens op. 110). Ab jetzt wird er nur noch in Tonstudios spielen.
Die Fakultät für Rechtswissenschaften an der Universität Toronto verleiht ihm die Ehrendoktorwürde; er hält eine Dankesrede zum Thema »An Argument for Music in the Electronic Age«.

1965 Im Juni plant er eine Expedition in die Arktis, deren Einsamkeit und Stille ihn zeit seines Lebens magisch anzieht. Immerhin kommt er bis Churchill an der Hudson Bay, dem nördlichsten mit der Eisenbahn erreichbaren Punkt Kanadas.
Er nimmt zum letztenmal – als Zuhörer – an einem öffentlichen Konzert teil.
In Wawa, 1 000 Meilen nördlich von Toronto, findet er neben dem Haus am Lake Simcoe einen zweiten, noch einsameren Zufluchtsort.

1966 Am 18. Mai führt er im kanadischen Fernsehen ein Gespräch mit Yehudi Menuhin über Bach, Beethoven und Schönberg. Gemeinsam spielen sie eine Sonate für Cembalo und Violine von Bach und Schönbergs *Fantasie* für Klavier und Violine.

1967 Am 28. Dezember sendet CBC sein Dokumentarhörspiel »The Idea of North«.

1969 Sein produktivstes Jahr bei CBC: er macht monatlich zwei Sendungen, in denen er spielt und mit Komponisten, Dirigenten, Musikern und Psychiatern diskutiert. Der Zweitausstrahlung von »The Idea of North« im September folgt im November der nächste Teil seiner *Trilogie der Einsamkeit*, »The Latecomers«.

1970 Am 9. Dezember sagt Arturo Benedetti Michelangeli kurzfristig eine Beethoven-Sendung für CBC Television ab, weil die Klimaanlage des Studios angeblich seinen Flügel ruiniere (Michelangeli reiste wie Gould immer mit seinem eigenen Flügel). Man bittet Gould, den vorgesehenen zweiten Teil, das 5. Klavierkonzert, zu spielen. Er tut es mit dem Kommentar: »... Mein Gott, stellen Sie sich vor: Pianist Nummer Eins springt für Nummer Zwei ein!« Zum allerletztenmal musiziert Gould bei dieser Gelegenheit mit einem Orchester.

1971 Er installiert im Eaton Auditorium sein eigenes Tonstudio, wo bis 1980 fast alle seine CBS-Aufnahmen produziert werden.

1972 Er komponiert die Filmmusik für den Antikriegsfilm *Slaughterhouse Five* von George Roy Hill nach dem autobiographischen Roman von Kurt Vonnegut.

1973/74 Das Fernsehen zeigt die vierteilige Sendung *Les chemins de la musique* des französischen Regisseurs und Musikers Bruno Monsaingeon über und mit Glenn Gould.

1975 Der Vater verkauft das Haus am Lake Simcoe. Am 26. Juli stirbt die Mutter an einem Hirnschlag; sie wurde 83 Jahre alt. Ihr Tod löst in Gould schwere psychische, auch gesundheitliche Probleme aus. Er richtet sich in einer Suite im Luxushotel »Inn on the Park« ein Studio ein und mietet im selben Hotel eine zweite Suite, in der er, inkognito, bis zu seinem Tod wohnen wird.

1976 Eine zweite schwere Krise behindert ab Juni die Arbeit an der 4. Folge der Fernsehsendung *Music in our Time*; die Einspielungen für CBS setzt er trotz zunehmender psychomotorischer Störungen fort.

1977 Am 25. März wird der dritte Teil seiner *Trilogie der Einsamkeit* gesendet: »The Quiet in the Land«. Das Eaton's wird wegen Umbauarbeiten vorübergehend geschlossen; er legt eine zweijährige Produktionspause ein, von der vor allem CBS betroffen ist. Im August wird u.a. Goulds Aufnahme des Präludiums und der Fuge C-Dur BWV 846 aus Bachs *Wohltemperiertem Clavier* an Bord der beiden »Voyager«-Raumsonden ins Weltall geschossen.

1977/78 Geoffrey Payzant schreibt unter Goulds Aufsicht dessen Biographie, die sich vorrangig mit Goulds musikalischem Denken befaßt.

1979 Das Fernsehen sendet das Städteportrait *Glenn Gould's Toronto*; sein Skript für diesen Film von John McGreevy wird 1980 mit einem Preis ausgezeichnet.

Der Vater verheiratet sich wieder; Gould, der als Trauzeuge geladen ist, bleibt der Hochzeit fern.

1981 Im April/Mai spielt er zum zweitenmal Bachs *Goldberg-Variationen* auf einem neuen Flügel von Yamaha ein. Bruno Monsaingeon filmt die Plattenaufnahme. Den ungeheuren Erfolg der Platte und des später preisgekrönten Films wird Gould nicht mehr erleben.

1982 Am 27. September, zwei Tage nach seinem 50. Geburtstag, erleidet Gould einen ersten Schlaganfall, in der Nacht zum 29. September einen zweiten. Er liegt im Koma und stirbt am 4. Oktober. Am 15. Oktober findet in der anglikanischen Church of Saint-Paul eine Gedenkfeier statt, an der 3000 Menschen teilnehmen. Zum erstenmal erklingt öffentlich die »Aria« aus der neuen Einspielung der *Goldberg-Variationen*.
Sein Vermögen vermacht Gould zu gleichen Teilen einem Tierheim und der Heilsarmee.

Diskographie

Zusammengestellt von Michael Stegemann

In dieser Diskographie wurden sämtliche Aufnahmen Glenn Goulds berücksichtigt: Konzert-Mitschnitte [K], Schallplatten- [S], Rundfunk- [R] und Fernseh-Produktionen [F] sowie einige auf Schallplatte veröffentlichte Privat-Aufnahmen [P]. Die Datierungen, die sich auf die Produktionsunterlagen (Artist Contract Cards) der CBS und auf das Archiv der Canadian Broadcasting Corporation (CBC) stützen, geben jeweils den Beginn und das Ende der Produktion an, die sich oft – etwa bei Beethovens d-moll-Sonate op. 31 Nr. 2 oder bei Mozarts B-Dur-Sonate KV 333 – über mehrere Jahre hinzog. Im Fall einiger Fernseh-Produktionen Goulds aus den Jahren zwischen 1974 und 1981 ließ sich allerdings nur das Datum der Erstsendung feststellen, das mit dem Zusatz »*« versehen wurde. Bei Werken, die Gould mehrfach (und meist in deutlich voneinander abweichenden Fassungen) aufgenommen hat, wurden diese in chronologischer Reihenfolge aufgelistet; ausschlaggebend war dabei stets der Tag der ersten Studiositzung.

Als Quelle ist die jeweils letzte Veröffentlichung angegeben, die zum größten Teil innerhalb der Glenn Gould Edition [GGE] auf CD bzw. innerhalb der Glenn Gould Collection [GGC] auf Laserdisc/Video erfolgt ist. Ob dieses monumentale Unternehmen der Sony (als Rechtsnachfolgerin der CBS) allerdings fortgeführt und vollendet werden kann, ist derzeit noch ungewiß, nachdem die Hamburger Sony Classical GmbH Mitte August 1995 das Ende ihrer Aktivitäten angekündigt hat.

Steinfurt, September 1995

István Anhalt (* 1919)

- Fantasia
  1. S GGE SMK 52677 — New York, 25. Juli 1967
  2. R — Toronto, 19. September 1967

Carl Philipp Emanuel Bach (1714–1788)

- Württembergische Sonate Nr. 1 a-moll Wq. 49
  1. S LP CBS 76983 — New York, 30. Januar 1968
  2. R Music & Arts 663 — Toronto, 8. Februar 1968

Johann Sebastian Bach (1685–1750)

- Aria mit 30 Veränderungen, *Goldberg-Variationen* BWV 988
  1. S GGE SMK 52594 — New York, 6.–16. Juni 1955
  2. K LDC 278. 799 — Moskau, 11. Mai 1957 (Nr. 3, 9, 10, 18, 24 und 30)
  3. K GGE SMK 52685 — Salzburg, 25. August 1959
  4. F GGC 48416/17 — Toronto, 23.–24. April 1964 (Nr. 3, 6, 9, 12, 15 und 27)
  5. F — Toronto, 1966 (Nr. 4)
  6. F — Toronto, 29. März 1967 (Nr. 4 und 30)
  7a. S GGE SMK 52619 — New York, 22. April–29. Mai 1981
  7b. F GGC 48424 — New York, 22. April–29. Mai 1981
- *Aria variata alla maniera italiana* a-moll BWV 989
  1. S — Toronto, 18. April 1971
- *Brandenburgisches Konzert* Nr. 4 G-Dur BWV 1049
  1. LP CBS 31333 — New York, 1972 (Ausschnitt), Filmmusik zu Georg Roy Hills *Slaughterhouse Five* + Mitglieder des New York Philharmonic Orchestra, Leitung: Glenn Gould
- *Brandenburgisches Konzert* Nr. 5 D-Dur BWV 1050
  1. K — Detroit oder Boston, 13. oder 22. Oktober 1961 + Detroit Symphony Orchestra, Paul Paray
  2. K Music & Arts 298 — Baltimore, 2. Januar 1962 + Baltimore Chamber Orchestra, Peter H. Adler
  3. F GGC 48407/08 — Toronto, 22.–26. Januar 1962 + Oscar Shumsky, Violine / Julius Baker, Flöte / Orchester NN, Leitung: Glenn Gould
- Chromatische Fantasie (ohne die Fuge) d-moll BWV 903
  1. S — Toronto, 11. Oktober 1979
  2. F — Toronto, 29. September 1983* (Ausschnitt)
- Concerto d-moll nach Benedetto Marcello BWV 974
  1. S — Toronto, 11. Juni 1979
- *Englische Suite* Nr. 1 A-Dur BWV 806
  1. R Music & Arts 272 — Toronto, 23. November 1967
  2. S GGE SM2K 52606 — Toronto, 11. März–5. November 1973
  3. F — Toronto, 1974
- *Englische Suite* Nr. 2 a-moll BWV 807
  1. S GGE SM2K 52606 — Toronto, 23. Mai 1971
  2. R — Toronto, 30. September 1971
- *Englische Suite* Nr. 3 g-moll BWV 808
  1. S GGE SM2K 52606 — Toronto, 21.–22. Juni 1974
- *Englische Suite* Nr. 4 F-Dur BWV 809
  1. S GGE SM2K 52606 — Toronto, 14. Dezember 1974–24. Mai 1976
- *Englische Suite* Nr. 5 e-moll BWV 810
  1. S GGE SM2K 52606 — Toronto, 14. Dezember 1974–24. Mai 1976
- *Englische Suite* Nr. 6 d-moll BWV 811
  1. S GGE SM2K 52606 — Toronto, 10. Oktober 1975–24. Mai 1976
- Fantasie (und Fuge) c-moll BWV 906
  1. S — Toronto, 20. Januar (–2. Februar?) 1980
- Fantasie g-moll BWV 917
  1. S — Toronto, 20. Januar–2. Februar 1980
- Fantasie c-moll BWV 919
  1. S — Toronto, 20. Januar–2. Februar 1980
- *Französische Suite* Nr. 1 d-moll BWV 812
  1. S GGE SM2K 52609 — Toronto, 16. November 1972
  2. R — Toronto, 27. Februar 1973
- *Französische Suite* Nr. 2 c-moll BWV 813
  1. S GGE SM2K 52609 — Toronto, 5. November 1972
  2. R — Toronto, 27. Februar 1973
- *Französische Suite* Nr. 3 h-moll BWV 814
  1. S GGE SM2K 52609 — Toronto, 12. Dezember 1972–17. Februar 1973
- *Französische Suite* Nr. 4 Es-Dur BWV 815
  1. S GGE SM2K 52609 — Toronto, 17. Februar 1973
- *Französische Suite* Nr. 5 G-Dur BWV 816
  1. S GGE SM2K 52609 — Toronto, 27. Februar 1971–23. Mai 1971
  2. R — Toronto, 30. September 1971
- *Französische Suite* Nr. 6 E-Dur BWV 817
  1. S GGE SM2K 52609 — Toronto, 13. März–23. Mai 1971
  2. R — Toronto, 30. September 1971
- Fuge Es-Dur BWV 552
  1. F Music & Arts 654 — Toronto, 4. August 1962 (Ausschnitt) [Orgel]
- Fuge A-Dur über ein Thema von Albinoni BWV 950
  1. S — Toronto, 20. Januar (–2. Februar?) 1980
- Fuge h-moll über ein Thema von Albinoni BWV 951
  1. S — Toronto, 5. August 1979
- Fuge C-Dur BWV 952
  1. S GGE SM2K 52597 — Toronto, 20. Januar–2. Februar 1980
- Fuge C-Dur BWV 953
  1. S GGE SM2K 52597 — Toronto, 20. Januar–2. Februar 1980
- Fughetta c-moll BWV 961
  1. S GGE SM2K 52597 — Toronto, 20. Januar–2. Februar 1980
- Inventionen zu zwei Stimmen BWV 772–786
  1. S GGE SMK 52596 — New York, 18. September 1963–19. März 1964

- *Italienisches Konzert* F-Dur BWV 971
  - 1. R CBC PSCD 2005 — Toronto, 21. Oktober 1952
  - 2. F — Toronto, 1959 (Ausschnitt)
  - 3. S Sony MYK 42527 — New York, 23.–26. Juni 1959
  - 4. S — Toronto, 29.–30. August 1981 [nicht zur Veröffentlichung freigegeben]
  - 5. F — Toronto, 29. September 1983* (Ausschnitt)
- Klavierkonzert Nr. 1 d-moll BWV 1052
  - 1. R CBC PSCD 2005 — Toronto, 29. März 1955 + Toronto Symphony Orchestra, Sir Ernest MacMillan
  - 2. S GGE SM2K 52591 — New York, 11. April 1957 + Columbia Symphony Orchestra, Leonard Bernstein
  - 3. K GGE SMK 52686 — Leningrad, 18. Mai 1957 + Akademisches Symphonie-Orchester des Leningrader Konservatoriums, Ladislav Slovak
  - 4. F GGC 48407/09 — Montréal (?), 22. Oktober 1957* + Ottawa Symphony Orchestra, Thomas Mayer
  - 5. K Nuova Era 2351 — Salzburg, 10. August 1958 + Concertgebouw Orchester Amsterdam, Dmitri Mitropoulos
- Klavierkonzert Nr. 2 E-Dur BWV 1053
  - 1. S GGE SM2K 52591 — New York, 10.–12. Februar 1969 + Columbia Symphony Orchestra, Vladimir Golschmann
- Klavierkonzert Nr. 3 D-Dur BWV 1054
  - 1. S GGE SM2K 52591 — New York, 2. Mai 1967 + Columbia Symphony Orchestra, Vladimir Golschmann
- Klavierkonzert Nr. 4 A-Dur BWV 1055
  - 1. S GGE SM2K 52591 — New York, 11.–12. Februar 1969 + Columbia Symphony Orchestra, Vladimir Golschmann
- Klavierkonzert Nr. 5 f-moll BWV 1056
  - 1. R Music & Arts 654 — Toronto, 11. September 1957 + CBC Symphony Orchestra, Nicholas Goldschmidt
  - 2. S GGE SM2K 52591 — New York, 1. Mai 1958 + Columbia Symphony Orchestra, Vladimir Golschmann
- Klavierkonzert Nr. 7 g-moll BWV 1058
  - 1. S GGE SM2K 52591 — New York, 4. Mai 1967 + Columbia Symphony Orchestra, Vladimir Golschmann
  - 2. F GGC 48404/06 — Toronto, 15. November 1967 + Toronto Symphony Orchestra, Vladimir Golschmann
- *Die Kunst der Fuge* BWV 1080
  - 1. K LDC 278. 799 — Moskau, 12. Mai 1957 (Kontrapunkte 1, 4 und 2)
  - 2. S Sony MPK 44841 — Toronto und New York, 31. Januar–21. Februar 1962 (Kontrapunkte 1 bis 9) [Orgel]
  - 3. F GGC 48410/12 — Toronto, 22.–24. Januar 1962 (Kontrapunkt 4)
  - 4. R Music & Arts 272 — Toronto, 23. November 1967 (Kontrapunkte 11, 13 und 9)
  - 5. F — Toronto, 29. September 1983* (Kontrapunkt 1)
  - 6. F — Toronto, 6. Oktober 1983* (Kontrapunkte 2, 4 und 15)
- Ouvertüre im französischen Stil h-moll BWV 831
  - 1. R Music & Arts 654 — Toronto, 13. März 1969
  - 2. S GGE SM2K 52609 — Toronto, 27. Februar 1971–5. November 1973
  - 3. F — Toronto 1976
  - 4. F — Toronto, 29. September 1983* (Ausschnitt)
- Partita Nr. 1 B-Dur BWV 825
  - 1. S GGE SM2K 52597 — New York, 1. Mai–22. September 1959
- Partita Nr. 2 c-moll BWV 826
  - 1. F GGC 48401/02 — Montréal 1958 (Ausschnitt)
  - 2. S GGE SM2K 52597 — New York, 2.–23. Juni 1959
- Partita Nr. 3 a-moll BWV 827
  - 1. S GGE SM2K 52597 — New York, 18.–19. Oktober 1962
- Partita Nr. 4 D-Dur BWV 828
  - 1. R — Toronto, 25. November 1962
  - 2. S GGE SM2K 52597 — New York, 11. Dezember 1962–9. April 1963
  - 3. F — Toronto, 29. September 1983* (Ausschnitt)
- Partita Nr. 5 G-Dur BWV 829
  - 1. R CBC PSCD 2005 — Toronto, 7. Juni 1954
  - 2. S GGE SM2K 52597 — New York, 9. Februar 1956–30. Dezember 1957
  - 3. F GGC 48404/05 — Toronto, 20. Februar 1957 (*Allemande*, *Sarabande* und *Courante*)
- Partita Nr. 6 e-moll BWV 830
  - 1. R Music & Arts 272 — Toronto, 17. Januar 1956
  - 2. S GGE SM2K 52597 — New York, 9. Februar 1956–1. August 1957
  - 3. F — Toronto 1974
  - 4. F — Toronto, 29. September 1983* (Ausschnitt)
- 6 Präludien BWV 933–938
  - 1. S GGE SM2K 52597 — Toronto, 10. Oktober 1979
- Präludium und Fuge a-moll BWV 895
  - 1. S GGE SM2K 52597 — Toronto, 20. Januar–2. Februar 1980
- Präludium und Fuge B-Dur über den Namen BACH BWV 898
  - 1. S — Toronto, 20. Januar–2. Februar 1980
  - 2. F — Toronto, 6. Oktober 1983* (Fuge)
- Präludium und Fughetta d-moll BWV 899
  - 1. S GGE SM2K 52597 — Toronto, 10. Oktober 1979
- Präludium und Fughetta e-moll BWV 900
  - 1. S GGE SM2K 52597 — Toronto, 20. Januar–2. Februar 1980
- Präludien und Fughetta G-Dur BWV 902/902a
  - 1. S GGE SM2K 52597 — Toronto, 10. Oktober 1979
- 6 Präludien BWV 924–928 und 930
  - 1. S GGE SM2K 52597 — Toronto, 20. Januar–2. Februar 1980

– Sinfonien zu drei Stimmen BWV 787 – 801
1. R — Toronto, 28. Februar 1954 (Nr. 4, 7, 8, 11 und 14)
2. R — Toronto, 7. Juni 1954 (Nr. 13)
3. R — CBC PSCD 2005 — Toronto, 15. März 1955
4. K — GGE SMK 52685 — Moskau, 12. Mai (?) 1957 (Nr. 2 bis 15)
5. S — GGE SMK 52596 — New York, 18. September 1963 – 19. März 1964
6. F — Toronto, 6. Oktober 1983* (Nr. 1)

– Sonate Nr. 1 für Viola da Gamba und Klavier G-Dur BWV 1027
1. S — GGE SM2K 52615 — Toronto, 28. – 29. Mai 1974 + Leonard Rose, Violoncello

– Sonate Nr. 2 für Viola da Gamba und Klavier D-Dur BWV 1028
1. S — GGE SM2K 52615 — Toronto, 16. – 17. Dezember 1973 + Leonard Rose, Violoncello

– Sonate Nr. 3 für Viola da Gamba und Klavier g-moll BWV 1029
1. S — GGE SM2K 52615 — Toronto, 16. – 17. Dezember 1973 + Leonard Rose, Violoncello

– Sonate Nr. 1 für Violine und Klavier h-moll BWV 1014
1. S — GGE SM2K 52615 — Toronto, 1. – 3. Februar 1975 + Jaime Laredo, Violine

– Sonate Nr. 2 für Violine und Klavier A-Dur BWV 1015
1. S — GGE SM2K 52615 — Toronto, 1. – 3. Februar 1975 + Jaime Laredo, Violine

– Sonate Nr. 3 für Violine und Klavier E-Dur BWV 1016
1. S — GGE SM2K 52615 — Toronto, 23. November 1975 – 11. Januar 1976 + Jaime Laredo, Violine

– Sonate Nr. 4 für Violine und Klavier c-moll BWV 1017
1. F — GGE SMK 52688 & GGC 48401/03 — Toronto, 26. Oktober 1965 + Yehudi Menuhin
2. S — GGE SM2K 52615 — Toronto, 23. November 1975 – 11. Januar 1976 + Jaime Laredo, Violine

– Sonate Nr. 5 für Violine und Klavier f-moll BWV 1018
1. S — GGE SM2K 52615 — Toronto, 9. – 11. Januar 1976 + Jaime Laredo, Violine

– Sonate Nr. 6 für Violine und Klavier G-Dur BWV 1019
1. S — GGE SM2K 52615 — Toronto, 9. – 11. Januar 1976 + Jaime Laredo, Violine

– Toccata Nr. 1 fis-moll BWV 910
1. S — GGE SM2K 52612 — Toronto, 31. Oktober – 1. November 1976

– Toccata Nr. 2 c-moll BWV 911
1. S — GGE SM2K 52612 — Toronto, 15. – 16. Mai 1979

– Toccata Nr. 3 D-Dur BWV 912
1. S — GGE SM2K 52612 — Toronto, 16. Oktober – 1. November 1976

– Toccata Nr. 4 d-moll BWV 913
1. R — Music & Arts 272 — Toronto, 23. November 1967
2. S — GGE SM2K 52612 — Toronto, 16. – 17. Oktober 1976

– Toccata Nr. 5 e-moll BWV 914
1. S — GGE SM2K 52612 — New York, 8. April 1963

– Toccata Nr. 6 g-moll BWV 915
1. S — GGE SM2K 52612 — Toronto, 12. Juni 1979

– Toccata Nr. 7 G-Dur BWV 916
1. S — GGE SM2K 52612 — Toronto, 15. – 16. Mai 1979

– *»Widerstehe doch der Sünde«*, Kantate Nr. 54 BWV 54
1. F — GGC 48407/08 — Toronto, 22. – 26. Januar 1962 + Russell Oberlin, Countertenor/ Orchester NN, Leitung: Glenn Gould

– *Das Wohltemperierte Clavier*, Teil I
1. F — Toronto, 1959 (Fuge Nr. 6 d-moll BWV 851)
2. S — GGE SM2K 52600 — New York, 10. Januar 1962 – 12. August 1965

– *Das Wohltemperierte Clavier*, Teil II
1. R — Toronto, 28. Februar 1954 (Präludien und Fugen Nr. 7 Es-Dur BWV 876, Nr. 14 fis-moll BWV 883 und Nr. 22 b-moll BWV 891)
2. S — GGE SMK 52594 — New York, 29. Juli – 1. August 1957 (Fugen Nr. 9 E-Dur und Nr. 14 fis-moll BWV 878 und 883)
3. F — GGC 48404/05 & GGC 48404/06 — Toronto, 25. Januar 1963 (Fugen Nr. 7 Es-Dur BWV 876 und Nr. 22 b-moll BWV 891)
4. S — New York, 23. Februar 1965 (Fugen Nr. 17 As-Dur BWV 886 und Nr. 21 B-Dur BWV 890)
5. S — GGE SM2K 52603 — New York, 8. August 1966 – 31. Januar 1971
6. R — Music & Arts 654 — Toronto, 29. November 1966 (Fugen Nr. 1 C-Dur BWV 870, Nr. 2 c-moll BWV 871, Nr. 6 d-moll BWV 875 und Nr. 7 Es-Dur BWV 876)
7. F — GGE SMK 52590 & GGC 48401/02 & GGC 48404/06 — Toronto, 18. Februar 1970 (Präludien und Fugen Nr. 9 E-Dur und Nr. 14 fis-moll BWV 878 und 883) [Cembalo]
8. F — Toronto, 29. September 1983* (Fuge Nr. 3 Cis-Dur BWV 872)
9. F — Toronto, 6. Oktober 1983* (Fugen Nr. 9 E-Dur BWV 878, Nr. 19 A-Dur BWV 888 und Nr. 22 b-moll BWV 891)

Ludwig van Beethoven (1770 – 1827)

– 7 Bagatellen op. 33
1. S — GGE SM2K 52646 — Toronto, 10. Mai – 23. Juni 1974

– 6 Bagatellen op. 126
1. R — Music & Arts 694 — Toronto, 28. September 1952
2. R — Music & Arts 680 — Toronto, 23. Mai 1967 (Nr. 1, 2 und 5)
3. F — GGC 48404/05 — Toronto, 9. Dezember 1970* (Nr. 3)
4. S — GGE SM2K 52646 — Toronto, 10. – 11. Mai 1974

– Klavierkonzert Nr. 1 C-Dur op. 15
1. F GGC 48407/09 Montréal, 16. Dezember 1954 (1. Satz) + Orchester NN, Paul Scherman
2. S GGE SM3K 52632 New York, 29. – 30. April 1958 + Columbia Symphony Orchestra, Vladimir Golschmann

– Klavierkonzert Nr. 2 B-Dur op. 19
1. K Music & Arts 284 Toronto, 12. Dezember 1951 + Toronto Symphony Orchestra, Sir Ernest MacMillan
2. R Toronto, 23. Oktober 1956 (unvollständig) + Toronto Symphony Orchestra, Walter Susskind
3. S GGE SM3K 52632 New York, 9. – 10. April 1957 + Columbia Symphony Orchestra, Leonard Bernstein
4. K GGE SMK 52686 Leningrad, 18. Mai 1957 + Akademisches Symphonie-Orchester des Leningrader Konservatoriums, Ladislav Slovak
5. K BIS 323/324 Stockholm, 5. Oktober 1958 + Orchester des Schwedischen Rundfunks, Georg Ludwig Jochum
6. P Hamilton, April 1982 (unvollständig) + Jon Klibonoff, Klavier; Hamilton Philharmonic Orchestra, Leitung: Glenn Gould

– Klavierkonzert Nr. 3 c-moll op. 37
1. R CBC PSCD 2004 Toronto, 21. Februar 1955 + Columbia Symphony Orchestra, Heinz Unger
2. K Nuova Era 2351 Berlin, 26. Mai 1957 + Berliner Philharmoniker, Herbert von Karajan
3. S GGE SM3K 52632 New York, 4. – 8. Mai 1959 + Columbia Symphony Orchestra, Leonard Bernstein
4. K Buffalo, 1963 + Buffalo Philharmonic Orchestra, Josef Krips

– Klavierkonzert Nr. 4 G-Dur op. 58
1. R Vancouver, 28. Oktober 1951 (unvollständig) + Vancouver Symphony Orchestra, William Steinberg
2. S GGE SM3K 52632 New York, 20. März 1961 + New Yorker Philharmoniker, Leonard Bernstein

– Klavierkonzert Nr. 5 Es-Dur op. 73
1. S GGE SM3K 52632 New York, 1. – 4. März 1966 + American Symphony Orchestra, Leopold Stokowski
2. F GGE SMK 52687 & GGC 48416/18 Toronto, 9. Dezember 1970 + Toronto Symphony Orchestra, Karel Ancerl

– Klaviersonate Nr. 1 f-moll op. 2 Nr. 1
1. S GGE SM3K 52638 Toronto, 9. November 1974

– Klaviersonate Nr. 2 A-Dur op. 2 Nr. 2
1. S GGE SM3K 52638 Toronto, 10. Juli 1976

– Klaviersonate Nr. 3 C-Dur op. 2 Nr. 3
1. S GGE SM3K 52638 Toronto, 13. August 1976 – 5. August 1979

– Klaviersonate Nr. 4 Es-Dur op. 7
1. R Toronto, 12. Oktober 1952 (*Largo*)

– Klaviersonate Nr. 5 c-moll op. 10 Nr. 1
1. S GGE SM3K 52638 New York, 15. September 1964
2. F Toronto, 19. März 1967 (unvollständig)

– Klaviersonate Nr. 6 F-Dur op. 10 Nr. 2
1. S GGE SM3K 52638 New York, 29. Juni 1964

– Klaviersonate Nr. 7 D-Dur op. 10 Nr. 3
1. S GGE SM3K 52638 New York, 2. – 30. November 1964

– Klaviersonate Nr. 8 c-moll op. 13, *Pathétique*
1. S GGE SM3K 52638 New York, 18. – 19. April 1966

– Klaviersonate Nr. 9 E-Dur op. 14 Nr. 1
1. S GGE SM3K 52638 New York, 3. Februar 1966

– Klaviersonate Nr. 10 G-Dur op. 14 Nr. 2
1. S GGE SM3K 52638 New York, 10. Februar – 17. Mai 1966

– Klaviersonate Nr. 11 B-Dur op. 22
1. S Toronto, 13. Juli 1979 – Februar 1980 (?) (2. und 4. Satz) [Diese Aufnahme ist zwar in den *Artist Contract Cards* vermerkt, konnte aber bisher nicht identifiziert werden.]

– Klaviersonate Nr. 12 As-Dur op. 26
1. S GGE SM3K 52638 Toronto, 4. – 5. September 1979

– Klaviersonate Nr. 13 Es-Dur op. 27 Nr. 1, *Fantasie-Sonate*
1. S GGE SM3K 52638 Toronto, 4. September 1979 (– August 1981?)

– Klaviersonate Nr. 14 cis-moll op. 27 Nr. 2, *Mondschein-Sonate*
1. S GGE SM3K 52638 New York, 15. Mai 1967

– Klaviersonate Nr. 15 D-Dur op. 28, *Pastorale*
1. S GGE SM3K 52642 Toronto, 7. Juni 1976 – 4. Juli 1979

– Klaviersonate Nr. 16 G-Dur op. 31 Nr. 1
1. S GGE SM3K 52642 Toronto, 29. August 1971 – 15. Mai 1973

– Klaviersonate Nr. 17 d-moll op. 31 Nr. 2, *Sturm-Sonate*
1. S GGE SM3K 52642 New York / Toronto, 11. Juli 1960 – 29. August 1971
2. F GGC 48404/05 Montréal, 10. November 1960
3. F GGC 48416/17 Toronto, 27. – 28. August 1966

– Klaviersonate Nr. 18 Es-Dur op. 31 Nr. 3
1. F Toronto, 14. Januar 1961 (Ausschnitt)
2. S GGE SM3K 52642 New York / Toronto, 10. März 1967 – 15. Mai 1973
3. R Music & Arts 680 Toronto, 23. Mai 1967

– Klaviersonate Nr. 19 g-moll op. 49 Nr. 1
1. R Toronto, 5. Oktober 1952

– Klaviersonate Nr. 23 f-moll op. 57, *Appassionata*
1. S GGE SM3K 52642 New York, 18. Oktober 1967

– Klaviersonate Nr. 24 Fis-Dur op. 78, *Sonate à Thérèse*
1. S GGE SMK 52645 New York, 5. – 6. Februar 1968
2. R Music & Arts 663 Toronto, 8. Februar 1968

– Klaviersonate Nr. 28 A-Dur op. 101
1. R Toronto, 12. Oktober 1952

- Klaviersonate Nr. 29 B-Dur op. 106, *Hammerklavier-Sonate*
  - 1. F — Toronto, 15. Oktober 1963 (Fuge)
  - 2. R — GGE SMK 52645 — Toronto, November oder Dezember 1970
- Klaviersonate Nr. 30 E-Dur op. 109
  - 1. S — GGE SM3K 52642 — New York, 9. Februar – 29. Juni 1956
  - 2. F — GGC 48404/06 — Toronto, 23. – 24. April 1964
- Klaviersonate Nr. 31 As-Dur op. 110
  - 1. S — GGE SM3K 52642 — New York, 26. – 27. Juni 1956
  - 2. K — BIS 323/324 — Stockholm, 6. Oktober 1958
  - 3. F — GGC 48401/02 — Toronto, 25. Januar 1963 (Finale)
- Klaviersonate Nr. 32 c-moll op. 111
  - 1. R — Toronto, 19. Oktober 1955
  - 2. S — GGE SM3K 52642 — New York, 20. – 25. Juni 1956
- Klaviertrio-Satz B-Dur WoO 39
  - 1. K — Stratford, 18. Juli 1954 + Alexander Schneider, Violine / Zara Nelsova, Violoncello
- Klaviertrio Nr. 5 D-Dur op. 70 Nr. 1, *Geister-Trio*
  - 1. K — Music & Arts 639 — Stratford, 18. Juli 1954 + Alexander Schneider, Violine / Zara Nelsova, Violoncello
  - 2. K — LP Melodram 34 — Stratford, 1962 + Oscar Shumsky, Violine / Leonard Rose, Violoncello
- Symphonie Nr. 5 c-moll op. 67 (siehe auch Franz Liszt)
  - 1. S — GGE SMK 52636 — New York, 22. November 1967 – 8. Januar 1968
- Symphonie Nr. 6 F-Dur op. 68, *Pastorale* (siehe auch Franz Liszt)
  - 1. R — GGE SMK 52637 — Toronto, 11. Juni 1968
  - 2. S — GGE SMK 52636 — New York, 30. Juli – 1. August 1968 (1. Satz)
  - 3. F — GGC 48407/08 — Toronto, 8. April 1969* (Ausschnitt)
- 6 Variationen F-Dur op. 34
  - 1. R — CBC PSCD 2004 — Toronto, 28. September 1952
  - 2. S — GGE SM2K 52646 — New York, 13. Juli 1960 – 16. Mai 1967
  - 3. F — GGC 48410/12 — Toronto, 9. Dezember 1970*
- 17 Variationen mit Fuge Es-Dur op. 35, *Eroica-Variationen*
  - 1. R — CBC PSCD 2004 — Toronto, 5. Oktober 1952
  - 2. F — GGC 48401/02 — Toronto, 15. März 1960
  - 3. S — GGE SM2K 52646 — New York, 12. Juli 1960 – 17. Juni 1970
  - 4. F — Toronto, 6. Februar 1961
  - 5. R — Music & Arts 680 — Toronto, 23. Mai 1967
- 32 Variationen c-moll WoO 80
  - 1. R — Music & Arts 284 — Toronto, 1955
  - 2. S — GGE SM2K 52646 — New York, 8. November 1966
  - 3. F — GGC 48407/09 — Toronto, 19. März 1967*
- Violinsonate Nr. 7 c-moll op. 30 Nr. 2
  - 1. F — Stratford, 26. Juli 1960 (Probe zum 3. Satz) + Oscar Shumsky, Violine
- Violinsonate Nr. 10 G-Dur op. 96
  - 1. F — GGE SMK 52688 & GGC 48401/03 — Toronto, 26. Oktober 1965 + Yehudi Menuhin, Violine
- Violoncellosonate Nr. 3 A-Dur op. 69
  - 1. F — GGC 48410/12 — Toronto, 15. März 1960 + Leonard Rose, Violoncello
  - 2. K — LP Melodram 34 — Stratford, 1962 + Leonard Rose, Violoncello

ALBAN BERG (1885 – 1935)

- Klaviersonate op. 1
  - 1. S — LP TV-34729X — Toronto, 1951 *[Hallmark]*
  - 2. R — Toronto, 14. Oktober 1952
  - 3. K — LDC 278.799 — Moskau, 12. Mai 1957
  - 4. S — GGE SMK 52661 — New York, 30. Juli – 1. August 1958
  - 5. K — BIS 323/324 — Stockholm, 6. Oktober 1958
  - 6. R — Music & Arts 654 — Toronto, 13. März 1969
  - 7. F — GGC 48404/06 — Toronto, 20. Februar 1974*

GEORGES BIZET (1838 – 1875)

- *Nocturne* D-Dur
  - 1. S — GGE SM2K 52654 — Toronto, 13. Dezember 1972
- *Variations chromatiques*
  - 1. S — GGE SM2K 52654 — Toronto, 2. – 3. Mai 1971

JOHANNES BRAHMS (1833 – 1897)

- 4 Balladen op. 10
  - 1. S — GGE SM2K 52651 — New York, 30. Juni – 1. Juli 1982
- Intermezzo A-Dur op. 76 Nr. 6
  - 1. S — GGE SM2K 52651 — New York, 21. – 23. November 1960
- Intermezzo a-moll op. 76 Nr. 7
  - 1. S — GGE SM2K 52651 — New York, 21. – 23. November 1960
- Intermezzo E-Dur op. 116 Nr. 4
  - 1. S — GGE SM2K 52651 — New York, 21. – 23. November 1960
- 3 Intermezzi op. 117
  - 1. S — GGE SM2K 52651 — New York, 29. – 30. September 1960
- Intermezzo a-moll op. 118 Nr. 1
  - 1. S — GGE SM2K 52651 — New York, 21. – 23. November 1960
- Intermezzo A-Dur op. 118 Nr. 2
  - 1. S — GGE SM2K 52651 — New York, 1. Mai 1959 – 30. September 1960
  - 2. R — Toronto, 25. November 1969
- Intermezzo es-moll op. 118 Nr. 6
  - 1. S — GGE SM2K 52651 — New York, 29. – 30. September 1960
- Intermezzo h-moll op. 119 Nr. 1
  - 1. R — Music & Arts 285 — Toronto, 1957 (?)
  - 2. S — GGE SM2K 52651 — New York, 21. – 23. November 1960
  - 3. R — Toronto, 13. März 1969

– Klavierkonzert Nr. 1 d-moll op. 15
  1. K Music & Arts 682 New York, 9. April 1962 + New Yorker Philharmoniker, Leonard Bernstein
  2. K Music & Arts 297 Baltimore, 9. oder 10. Oktober 1962 + Baltimore Symphony Orchestra, Peter H. Adler
– Klavierquintett f-moll op. 35
  1. R GGE SMK 52684 Toronto, August 1957 + Montreal String Quartet
– 2 Rhapsodien op. 79
  1. S GGE SM2K 52651 New York, 30. Juni – 1. Juli 1982
– Violinsonate Nr. 2 A-Dur op. 100
  1. R Toronto, 1953 + Morry Kernerman, Violine

Anton Bruckner (1824 – 1896)

– Streichquintett F-Dur (Klavier-Transkription von Glenn Gould)
  1. R Toronto, 17. November 1959 (Ausschnitt)

William Byrd (1543 – 1623)

– *First Pavan and Galliard*
  1. S GGE SMK 52589 New York, 14. – 15. Juni 1967
  2. R Toronto, 19. September 1967 *(Galliard)*
– *Hughe Ahston's Ground*
  1. S GGE SMK 52589 Toronto, 18. April 1971
– *Sellinger's Round*
  1. S GGE SMK 52589 Toronto, 18. April 1971
– *Sixth Pavan and Galliard*
  1. S GGE SMK 52589 New York, 25. – 26. Mai 1967
  2. R Toronto, 19. September 1967
  3. F Toronto, 1974 *(Galliard)*
– *Voluntary*
  1. S GGE SMK 52589 New York, 25. – 26. Mai 1967
  2. R Toronto, 19. September 1967

Alfredo Casella (1883 – 1947)

– *Due Ricercari sul nome de Bach* op. 52
  1. F GGC 48416/17 Toronto, 14. Dezember 1977* (Nr. 1)

Frédéric Chopin (1810 – 1849)

– Sonate Nr. 3 h-moll op. 58
  1. R GGE SM2K 52622 Toronto, 23. Juli 1970

Claude Debussy (1862 – 1918)

– *Rhapsodie* für Klarinette und Klavier
  1. F GGE SMK 52661 & GGC 48413/15 Toronto, 20. Februar 1974* + James Campbell, Klarinette

Orlando Gibbons (1583 – 1625)

– *Allemande (Italian Ground)*
  1. S GGE SMK 52589 New York, 30. Juli – 1. August 1968
  2. R Music & Arts 659 Toronto, 26. Dezember 1968
– *Fantasy in C*
  1. S GGE SMK 52589 New York, 30. Juli – 1. August 1968
  2. R Music & Arts 659 Toronto, 26. Dezember 1968
– *»Lord of Salisbury« Pavan and Galliard*
  1. R Music & Arts 272 Toronto, 17. Januar 1956
  2. S GGE SMK 52589 New York, 30. Juli – 1. August 1968
  3. R Music & Arts 659 Toronto, 26. Dezember 1968
  4. F Toronto, 1974

Michail Glinka (1804 – 1857)

– *Russlan und Ludmilla:* Ouvertüre (Klavier-Transkription von Glenn Gould)
  1. F Toronto, 18. – 19. September 1961 (Ausschnitt)

Glenn Gould (1932 – 1982)

– *So You Want to Write a Fugue?*
  1. F GGC 48404/06 Toronto, 25. Januar 1963 Canadian Concert Singers / Canadian String Quartet; Leitung: Glenn Gould
  2. S LP CBS 76983 New York, 14. Dezember 1963 Elizabeth Benson-Guy, Anita Darian, Charles Bressler, Donald Gramm / Juilliard-Quartet; Leitung: Vladimir Golschmann
  3. K Toronto, 8. März 1966 Festival Singers of Toronto / Pierrette LePage und/oder Janet Thom, Klavier
  4. R Toronto, 21. November 1968 Festival Singers of Toronto / John Newmark, Klavier
– Streichquartett op. 1
  1. R LP CBC RCI 142 Montréal, 1956 Montreal String Quartet
  2. S LP CBS 6178 Cleveland, März 1960 Symphonia Quartet
– Kontrapunktische Improvisation über die amerikanische und englische Nationalhymne
  1. F Toronto, 25. Januar 1963
– *The Idea of North* (»Docudrama«)
  1. R CBC PSCD 2003–3 Toronto, 28. Dezember 1967*
– *The Latecomers* (»Docudrama«)
  1. R CBC PSCD 2003–3 Toronto, 11. Dezember 1969*
– *The Quiet in the Land* (»Docudrama«)
  1. R CBC PSCD 2003–3 Toronto, 25. März 1977*

Johann Sebastian Bach

– *Brandenburgisches Konzert* Nr. 4 G-Dur BWV 1049
  1. LP CBS 31333 — New York, 1972 (Ausschnitt), Filmmusik zu Georg Roy Hills *Slaughterhouse Five* + Mitglieder des New York Philharmonic Orchestra, Leitung: Glenn Gould

Ludwig van Beethoven

– Kadenzen zum Klavierkonzert Nr. 1 C-Dur op. 15
  1. F — GGC 48407/09 — Montréal, 16. Dezember 1954 + Orchester NN, Paul Scherman
  2. S — GGE SM3K 52632 — New York, 29.–30. April 1958 + Columbia Symphony Orchestra, Vladimir Golschmann

Anton Bruckner

– Streichquintett F-Dur (Klavierbearbeitung)
  1. R — Toronto, 17. November 1959 (Ausschnitt)

Michail Glinka

– *Russlan und Ludmilla:* Ouvertüre (Klavier-Transkription)
  1. F — Toronto, 18.–19. September 1961 (Ausschnitt)

Maurice Ravel

– *La Valse* (Klavierbearbeitung)
  1. F — GGE SMK 52661 — Toronto, 2. Mai 1975*

Jean Sibelius

– Symphonie Nr. 5 Es-Dur op. 82 (Klavierbearbeitung)
  1. R — Toronto, 17. November 1959 (Ausschnitt)

Richard Strauss

– *Elektra* (Klavier-Fantasie)
  1. F — GGC 48413/15 — Toronto, 28.–30. März 1966

Peter Tschaikowsky

– *Romeo und Julia,* Fantasie-Ouvertüre (Klavier-Transkription)
  1. F — Toronto, 18.–19. September 1961 (Ausschnitt)

Richard Wagner

– *Die Götterdämmerung:* »Tagesgrauen« (Klavier-Transkription)
  1. S — GGE SMK 52650 — Toronto, 3. Februar–14. Mai 1973

– *Die Götterdämmerung:* »Siegfrieds Rheinfahrt« (Klavier-Transkription)
  1. S — GGE SMK 52650 — Toronto, 3. Februar–14. Mai 1973

– *Die Meistersinger von Nürnberg:* Vorspiel zum I. Akt (Klavier-Transkription)
  1. S — GGE SMK 52650 — Toronto, 3. Februar–14. Mai 1973
  2. F — Toronto 1974 (Ausschnitt)

– *Siegfried-Idyll* (Klavier-Transkription)
  1. S — GGE SMK 52650 — Toronto, 3. Februar–14. Mai 1973
  2. R — Toronto, 27. Februar 1973

Edvard Grieg (1843–1907)

– Klaviersonate e-moll op. 7
  1. S — GGE SM2K 52654 — Toronto, 13. März–23. Mai 1971
  2. R — Toronto, 8. Juli 1972

Georg Friedrich Händel (1685–1759)

– Suite Nr. 1 A-Dur für Cembalo HWV 426
  1. S — GGE SMK 52590 — Toronto, 26. März 1972 [Cembalo]

– Suite Nr. 2 F-Dur für Cembalo HWV 427
  1. S — GGE SMK 52590 — Toronto, 26. März 1972 [Cembalo]

– Suite Nr. 3 d-moll für Cembalo HWV 428
  1. S — GGE SMK 52590 — Toronto, 30. April–28. Mai 1972 [Cembalo]

– Suite Nr. 4 e-moll für Cembalo HWV 429
  1. S — GGE SMK 52590 — Toronto, 30. April–28. Mai 1972 [Cembalo]

Joseph Haydn (1732–1809)

– Klaviersonate Nr. 56 (42) D-Dur Hob. XVI/42
  1. S — GGE SM2K 52623 — New York, 11.–13. März 1981

– Klaviersonate Nr. 58 (48) C-Dur Hob. XVI/48
  1. S — GGE SM2K 52623 — New York, 11. März–29. Mai 1981

– Klaviersonate Nr. 59 (49) Es-Dur Hob. XVI/49
  1. S — GGE SMK 52626 — New York, 7.–10. Januar 1958
  2. K — BIS 323/324 — Stockholm, 1. Oktober 1958
  3. S — GGE SM2K 52623 — New York, 24.–25. Februar 1981

– Klaviersonate Nr. 60 (50) C-Dur Hob. XVI/50
  1. S — GGE SM2K 52623 — New York, 13.–14. Oktober 1980

– Klaviersonate Nr. 61 (51) D-Dur Hob. XVI/51
  1. S — GGE SM2K 52623 — New York, 13.–14. Oktober 1980

– Klaviersonate Nr. 62 (52) Es-Dur Hob. XVI/52
  1. R — Music & Arts 659 — Toronto, 26. Dezember 1968
  2. S — GGE SM2K 52623 — New York, 24. Februar–13. März 1981

Jacques Hétu (* 1938)

– *Variations pour piano*
  1. S — GGE SMK 52677 — New York, 11. August 1967

Paul Hindemith (1895–1963)

– Klaviersonate Nr. 1, *Der Main*
  1. S — GGE SMK 52670 — New York, 13. Oktober 1966
  2. R — Music & Arts 654 — Toronto, 29. November 1966

– Klaviersonate Nr. 2
  1. S — GGE SMK 52670 — Toronto, (1972?–)18. Februar 1973

– Klaviersonate Nr. 3

1. R		Toronto, 7. Juni 1954 (unvollständig)
2. F	GGC 48404/05	Toronto, 25. Januar 1963 (3. Satz)
3. S	GGE SMK 52670	New York, 29. Dezember 1966 – 10. Januar 1967
4. R	Music & Arts 659	Toronto, 26. Dezember 1968

– *Ludus tonalis:* Fuge Nr. 1 C-Dur

1. R		Toronto, 7. Juni 1954

– *Das Marienleben* op. 27 (1. Fassung)

1. F	GGC 48410/11	Toronto, 26. November 1975* (Nr. 5) + Roxolana Roslak, Sopran
2. S	GGE SM2K 52674	Toronto, 21. November 1976 – 13. Februar 1977 + Roxolana Roslak, Sopran

– Sonate für Baßtuba und Klavier

1. S	GGE SM2K 52671	Toronto, 3. – 4. September 1975 + Abe Torchinsky, Tuba

– Sonate für Horn und Klavier

1. S	GGE SM2K 52671	Toronto, 3. – 5. Juli 1975 + Mason Jones, Horn

– Sonate für Alt-Horn und Klavier

1. S	GGE SM2K 52671	Toronto, 3. September 1975 – 10. Februar 1976 + Mason Jones, Horn

– Sonate für Posaune und Klavier

1. S	GGE SM2K 52671	Toronto, 3. September 1975 – 10. Februar 1976 + Henry Charles Smith, Posaune

– Sonate für B-Trompete und Klavier

1. S	GGE SM2K 52671	Toronto, 6. Januar 1975 + Gilbert Johnson, Trompete
2. F		Toronto, 14. Dezember 1977* (1. und 3. Satz) + Raymond Crisara, Trompete

ERNST KRENEK (1900 – 1992)

– Klaviersonate Nr. 3 op. 92 Nr. 4

1. K	LDC 278. 799	Moskau, 12. Mai 1957 (1. und 4. Satz)
2. S	GGE SMK 52661	New York, 30. Juni – 1. Juli 1958

– *Wanderlied im Herbst* aus op. 71

1. F	GGE SM2K 52674 & GGC 48404/05	Toronto, 14. Dezember 1977* + Patricia Rideout, Sopran

FRANZ LISZT (1811 – 1886)

LUDWIG VAN BEETHOVEN

– Symphonie Nr. 5 c-moll op. 67

1. S	GGE SMK 52636	New York, 22. November 1967 – 8. Januar 1968

– Symphonie Nr. 6 F-Dur op. 68, *Pastorale*

1. R	GGE SMK 52637	Toronto, 11. Juni 1968
2. S	GGE SMK 52636	New York, 30. Juli – 1. August 1968 (1. Satz)
3. F	GGC 48407/08	Toronto, 8. April 1969* (Ausschnitt)

GUSTAV MAHLER (1860 – 1911)

– Symphonie Nr. 2 c-moll, *Auferstehung*

1. F	GGC 48401/02	Toronto, 20. Februar 1957 (4. Satz: *Urlicht*) + Maureen Forrester, Alt / Orchester NN., Leitung: Glenn Gould

FELIX MENDELSSOHN-BARTHOLDY (1809 – 1847)

Lieder ohne Worte:

– *Andante con moto* op. 19 Nr. 1

1. R	GGE SM2K 52622	Toronto, 23. Juli 1970

– *Andante espressivo* op. 19 Nr. 2

1. R	GGE SM2K 52622	Toronto, 23. Juli 1970

– *Adagio non troppo* op. 30 Nr. 3

1. R	GGE SM2K 52622	Toronto, 23. Juli 1970

– *Allegro agitato* op. 85 Nr. 2

1. R	GGE SM2K 52622	Toronto, 23. Juli 1970

– *Allegretto* op. 85 Nr. 5

1. R	GGE SM2K 52622	Toronto, 23. Juli 1970

– *Variations sérieuses* d-moll op. 54

1. F		Toronto, 15. März 1960 (Ausschnitt)

OSKAR MORAWETZ (*1917)

– Fantasy in D minor

1. R	LP CBC RCI 120	Toronto, 4. Oktober 1954
2. S	GGE SMK 52677	New York, 27. – 28. Juni 1966

WOLFGANG AMADEUS MOZART (1756 – 1791)

– *Allegro* und *Andante* F-Dur KV 533

1. S	GGE SM4K 52627	New York / Toronto, 13. April 1972/04/13 – 3. Oktober 1973

– *Andante con variazioni* G-Dur für Klavier zu vier Händen KV 501

1. P	LP TV-34793X	Toronto, 1940er Jahre + Alberto Guerrero

– Fantasie c-moll KV 396

1. R	Music & Arts 617	Toronto, 1967

– Fantasie d-moll KV 397

1. S	GGE SM4K 52627	Toronto, 5. November 1972

– Fantasie c-moll KV 475

1. S	GGE SM4K 52627	New York, 8. November 1966
2. R	Music & Arts 654	Toronto, 29. November 1966

– Fantasie f-moll für Klavier zu vier Händen KV 594

1. P	LP TV-34793X	Toronto, 1940er Jahre + Alberto Guerrero

– Fantasie und Fuge C-Dur KV 394

1. S	GGE SMK 52626	New York, 7. – 10. Januar 1958

– Klavierkonzert Nr. 24 c-moll KV 491

1. K	BIS 323/324	Stockholm, 30. September 1958 + Orchester des Schwedischen Rundfunks, Georg Ludwig Jochum
2. S	GGE SMK 52626	Toronto, 17. – 18. Januar 1961 + Columbia Symphony Orchestra, Walter Susskind

- Klaviersonate Nr. 1 C-Dur KV 279
  1. S GGE SM4K 52627 New York, 9. – 10. November 1967
- Klaviersonate Nr. 2 F-Dur KV 280
  1. S GGE SM4K 52627 New York, 18. Oktober – 10. November 1967
- Klaviersonate Nr. 3 B-Dur KV 281
  1. S GGE SM4K 52627 New York, 25. Mai – 10. November 1967
- Klaviersonate Nr. 4 Es-Dur KV 282
  1. S GGE SM4K 52627 New York, 25. Juli – 10. November 1967
- Klaviersonate Nr. 5 G-Dur KV 283
  1. S GGE SM4K 52627 New York, 25. – 26. Mai 1967
  2. R Toronto, 19. September 1967
- Klaviersonate Nr. 6 D-Dur KV 284
  1. S GGE SM4K 52627 New York, 19. September – 1. Oktober 1968
  2. R Music & Arts 676 Toronto, 3. Dezember 1968
- Klaviersonate Nr. 7 C-Dur KV 309
  1. S GGE SM4K 52627 New York, 19. – 20. September 1968
  2. R Music & Arts 676 Toronto, 3. Dezember 1968
- Klaviersonate Nr. 8 a-moll KV 310
  1. R Music & Arts 676 Toronto, 3. Dezember 1968
  2. S GGE SM4K 52627 New York, 30. Januar – 13. Februar 1969
- Klaviersonate Nr. 9 D-Dur KV 311
  1. S GGE SM4K 52627 New York, 30. Juli – 1. August 1968
- Klaviersonate Nr. 10 C-Dur KV 330
  1. S GGE SMK 52626 New York, 7. – 10. Januar 1958
  2. K Sony SMK 53474 Salzburg, 25. August 1959
  3. S GGE SM4K 52627 New York, 10. – 11. August 1970
- Klaviersonate Nr. 11 A-Dur KV 331
  1. S GGE SM4K 52627 New York, 16. Dezember 1965 – 11. August 1970
- Klaviersonate Nr. 12 F-Dur KV 332
  1. S GGE SM4K 52627 New York, 28. September 1965 – 17. Mai 1966
- Klaviersonate Nr. 13 B-Dur KV 333
  1. S GGE SM4K 52627 New York, 31. März 1965 – 11. August 1970
  2. F GGC 48413/14 Toronto, 27. – 28. August 1966
  3. R Music & Arts 676 Toronto, 25. November 1969
- Klaviersonate Nr. 14 c-moll KV 457
  1. S GGE SM4K 52627 Toronto, 5. November 1973 – 8. September 1974
- Klaviersonate Nr. 15 C-Dur KV 545
  1. S GGE SM4K 52627 New York, 25. Juli 1967
- Klaviersonate Nr. 16 B-Dur KV 570
  1. R Music & Arts 680 Toronto, 25. November 1969
  2. S GGE SM4K 52627 New York / Toronto, 10. August 1970 – 9. November 1974
- Klaviersonate Nr. 17 D-Dur KV 576
  1. S GGE SM4K 52627 Toronto, 7. – 8. September 1974
- Rondo F-Dur KV 533
  1. S GGE SM4K 52627 Toronto / New York, 13. April 1972 – 10. März 1974
- Sonate F-Dur für Klavier zu vier Händen KV 497
  1. P LP TV-34793X Toronto, 1940er Jahre *(Allegro di molto)* + Alberto Guerrero
- Sonate C-Dur für Klavier zu vier Händen KV 521
  1. P LP TV-34793X Toronto, 1940er Jahre *(Allegro)* + Alberto Guerrero
- Symphonie Nr. 1 Es-Dur KV 16
  1. R Vancouver, Oktober 1959 (?) CBC Vancouver Symphony Orchestra, Leitung: Glenn Gould

Barbara Pentland (*1912)

- *Ombres (»Shadows«)*
  1. S GGE SMK 52677 New York, 25. Juli 1967
  2. R Toronto, 29. November 1969

Francis Poulenc (1899 – 1963)

- *Aubade*, »concerto chorégraphique« für Klavier und 18 Instrumente
  1. F Toronto, 26. November 1975* + Orchester NN., Leitung: Boris Brott

Sergej Prokofjew (1891 – 1953)

- *Cendrillon:* »Die Winterfee« (Bearbeitung von Michail Fichtengoltz)
  1. S LP TV-34729X Toronto, 1951 *[Hallmark]* + Albert Pratz, Violine
- Klaviersonate Nr. 7 B-Dur op. 83
  1. F GGC 48410/11 Toronto, 18. – 19. September 1961
  2. S GGE SM2K 52622 New York, 14. Juni – 25. Juli 1967
  3. R Toronto, 19. September 1967
  4. F Toronto, 14. Dezember 1977* (1. Satz)
- *Visions fugitives* op. 22
  1. F GGE SM2K 52622 & GGC 48410/11 Toronto, 5. Februar 1975* (Nr. 2)

Maurice Ravel (1875 – 1937)

- *La Valse* (Klavierbearbeitung von Glenn Gould)
  1. F GGE SMK 52661 & GGC 48413/15 Toronto, 5. Februar 1975

Domenico Scarlatti (1685 – 1757)

- Sonate d-moll K. 9 / L. 413
  1. S LP CBS 76983 New York, 30. Januar – 6. Februar 1968
- Sonate G-Dur K. 13 / L. 486
  1. S LP CBS 76983 New York, 30. Januar – 6. Februar 1968
  2. R Music & Arts 663 Toronto, 8. Februar 1968

– Sonate D-Dur K. 96 / L. 465
  1. S New York, 30. Januar 1968
– Sonate D-Dur K. 430 / L. 463
  1. S LP CBS 76983 New York, 30. Januar – 6. Februar 1968
  2. R Music & Arts 663 Toronto, 8. Februar 1968
– Sonate f-moll K. 519 / L. 475
  1. R Toronto, 1950er Jahre

ARNOLD SCHÖNBERG (1874 – 1951)

– Zwei Balladen op. 12
  1. S GGE SM2K 52667 New York, 9. April 1968 – 3. Mai 1971 + Helen Vanni, Mezzosopran (Nr. 1) / Cornelius Opthof, Bariton (Nr. 2)
– *Das Buch der hängenden Gärten*, 15 Gedichte op. 15
  1. R Toronto, 1960 + Kerstin Meyer, Sopran
  2. S GGE SM2K 52667 New York, 10. – 11. Juni 1965 + Helen Vanni, Mezzosopran
– Fantasie für Violine und Klavier op. 47
  1. S GGE SM2K 52664 New York, 10. Juli 1964 + Israel Baker, Violine
  2. F GGE SMK 52688 & GGC 48401/03 Toronto, 26. Oktober 1965 + Yehudi Menuhin, Violine
– Zwei Gesänge op. 1
  1. S GGE SM2K 52667 New York, 5. Januar – 18. November 1965 + Donald Gramm, Bariton
– Klavierkonzert op. 42
  1. R Toronto, 21. Dezember 1953 + CBC Symphony Orchestra, Jean-Marie Beaudet
  2. K Nuova Era 2351 New York, 16. März 1958 + New Yorker Philharmoniker, Dmitri Mitropoulos
  3. S GGE SM2K 52664 Toronto, 21. Januar 1961 + Columbia Symphony Orchestra, Robert Craft
– Drei Klavierstücke op. 11
  1. S GGE SM2K 52664 New York, 30. Juni – 1. Juli 1958
– Sechs Klavierstücke op. 19
  1. S GGE SM2K 52664 New York, 29. Juni 1964 – 29. September 1965
  2. R Toronto, 27. Januar 1975
– Fünf Klavierstücke op. 23
  1. S GGE SM2K 52664 New York, 28. September – 18. November 1965
– Zwei Klavierstücke op. 33a und 33b
  1. S GGE SM2K 52664 New York, 16. – 18. November 1965
– Vier Lieder op. 2
  1. R Toronto, 1960 (Nr. 4) + Kerstin Meyer, Sopran
  2. S GGE SM2K 52667 New York, 11. Juni 1964 – 5. Januar 1965 + Ellen Faull, Sopran
– Sechs Lieder op. 3
  1. S GGE SM2K 52667 New York, 17. September 1964 – 18. November 1965 + Helen Vanni, Mezzosopran / Donald Gramm, Bariton
– Acht Lieder op. 6
  1. R Toronto, 1960 (Nr. 1) + Kerstin Meyer, Sopran
  2. S GGE SM2K 52667 New York, 27. – 29. Februar 1968 + Helen Vanni, Mezzosopran
  3. F Toronto, 20. Februar 1974* (Nr. 1, 4 und 8) + Helen Vanni, Mezzosopran
– Zwei Lieder op. 14
  1. S GGE SM2K 52667 New York, 9. – 10. April 1968 + Helen Vanni, Mezzosopran
– Drei Lieder op. 48
  1. S GGE SM2K 52667 New York, 9. April 1968 – 15. September 1970 + Helen Vanni, Mezzosopran
– Lieder op. posth.
  1. S GGE SM2K 52667 New York, 9. – 10. April 1968 + Helen Vanni, Mezzosopran
– *Ode to Napoleon* op. 41
  1. R Toronto, 1960 + Donald Brown (Sprecher) / Vancouver String Quartet
  2. S GGE SM2K 52664 New York, 3. – 4. Februar 1965 + John Horton (Sprecher) / Juilliard-Quartet
– *Pierrot lunaire* op. 21
  1. F GGE SM2K 52664 Toronto, 5. Februar 1975* (Nr. 1 bis 7)
     GGC 48413/15 Toronto, 5. Februar 1975* (Nr. 1, 2 und 5) + Patricia Rideout, Sopran / Susan Shulman, Flöte / James Campbell, Klarinette / Coenraad Bloemendal, Baßklarinette / Adele Armin, Violine / Peter Smith, Violoncello
– Suite op. 25
  1. R Toronto, 14. Oktober 1952
  2. K Sony SMK 53474 Salzburg, 25. August 1959
  3. R Toronto, 1960
  4. S GGE SM2K 52664 New York, 2. – 9. Januar 1964
  5. F Toronto, 1974
  6. R Toronto, 27. Januar 1975
  7. F Toronto, 26. November 1975* *(Intermezzo)*

DMITRI SCHOSTAKOWITSCH (1906 – 1975)

– *Drei Fantastische Tänze* (Bearbeitung von Harry Glickman)
  1. S LP TV-34729X Toronto, 1951 *[Hallmark]* + Albert Pratz, Violine
– Klavierquintett g-moll op. 57
  1. F GGC 48410/11 Toronto, 18. – 19. September 1961 (1., 2. und 3. Satz) + Symphonia Quartet

Franz Schubert (1797 – 1828)

– Symphonie Nr. 4 c-moll D 417, *Tragische*
  1. R — Vancouver, Oktober 1959 (?) CBC Vancouver Symphony Orchestra, Leitung: Glenn Gould
– Symphonie Nr. 5 B-Dur D 485 (Klavier-Bearbeitung, Ausschnitt)
  1. F GGC 48413/15 — Toronto, 1958 oder 1959

Robert Schumann (1810 – 1856)

– Klavierquartett Es-Dur op. 47
  1. S GGE SMK 52684 — New York, 9. – 10. Mai 1968 + Mitglieder des Juilliard Quartet

Jean Sibelius (1865 – 1957)

– *Kyllikki*, drei lyrische Stücke op. 41
  1. S GGE SM2K 52654 — Toronto, 28. – 29. März 1977
– Sonatine fis-moll op. 67 Nr. 1
  1. S GGE SM2K 52654 — Toronto, 18. – 19. Dezember 1976
– Sonatine E-Dur op. 67 Nr. 2
  1. S GGE SM2K 52654 — Toronto, 28. – 29. März 1977
– Sonatine b-moll op. 67 Nr. 3
  1. S GGE SM2K 52654 — Toronto, 18. – 19. Dezember 1976
– Symphonie Nr. 5 Es-Dur op. 82 (Klavierbearbeitung von Glenn Gould)
  1. R — Toronto, 17. November 1959 (Ausschnitt)

Alexander Skrjabin (1872 – 1915)

– *Feuillet d'album* (»Albumblatt«) op. 58
  1. F GGE SM2K 52622 — Toronto, 20. Februar 1974*
– Prélude C-Dur op. 33 Nr. 3
  1. F GGE SM2K 52622 & GGC 48410/11 — Toronto, 20. Februar 1974*
– Prélude Es-Dur op. 45 Nr. 3
  1. F GGE SM2K 52622 & GGC 48410/11 — Toronto, 20. Februar 1974*
– Prélude F-Dur op. 49 Nr. 2
  1. F GGE SM2K 52622 & GGC 48416/17 — Toronto, 20. Februar 1974*
– Sonate Nr. 3 fis-moll op. 23
  1. S GGE SM2K 52622 — New York, 29. Januar – 6. Februar 1968
  2. R Music & Arts 663 — Toronto, 8. Februar 1968
– Sonate Nr. 5 op. 53
  1. R Music & Arts 683 — Toronto, 25. oder 29. November 1969
  2. S GGE SM2K 52622 — New York, 16. – 17. Juli 1970
– Zwei Stücke op. 57, *Désir* und *Caresse dansée*
  1. S GGE SM2K 52622 — Toronto, 13. Dezember 1972
  2. F — Toronto, 20. Februar 1974

Richard Strauss (1864 – 1949)

– »Beim Schlafengehn« (aus *Vier letzte Lieder*)
  1. F GGE SM2K 52674 & GGC 48413/15 — Toronto, 1. – 4. September 1962 + Lois Marshall, Sopran
– *Der Bürger als Edelmann* (3 Sätze)
  1. F — Toronto, 1. – 4. September 1962 + Oscar Shumsky, Violine / Orchester NN., Leitung: Oscar Shumsky (Glenn Gould spielt den Klavierpart in dem Satz »Das Diner«)
– *Burleske* für Klavier und Orchester
  1. K Music & Arts 297 — Baltimore, 2. Januar 1962 + Baltimore Symphony Orchestra, Peter H. Adler
  2. F GGE SMK 52687 & GGC 48413/14 — Toronto, 18. – 19. September 1967 + Toronto Symphony Orchestra, Vladimir Golschmann
– »Cäcilie« op. 27 Nr. 2
  1. F GGC 48413/14 — Toronto, 1. – 4. September 1962 + Lois Marshall, Sopran
– *Elektra* (Klavier-Fantasie)
  1. F GGC 48413/15 — Toronto, 28. – 30. März 1966
– *Enoch Arden* op. 38
  1. S GGE SM2K 52657 — New York, 2. – 4. Oktober 1961 + Claude Rains, Sprecher
– »Heimliche Aufforderung« op. 27 Nr. 3
  1. S** — New York, 15. Januar 1966 + Elisabeth Schwarzkopf, Sopran
– Klaviersonate op. 5
  1. S GGE SM2K 52657 — New York, 1. – 3. September 1982
– Fünf Klavierstücke op. 3
  1. S GGE SM2K 52657 — Toronto, 23. April – 5. September 1979
– »Morgen« op. 27 Nr. 4
  1. S** — New York, 15. – 17. Januar 1966 + Elisabeth Schwarzkopf, Sopran
– Drei Ophelia-Lieder op. 67
  1. S GGE SM2K 52657 — New York, 14. – 15. Januar 1966 + Elisabeth Schwarzkopf, Sopran
  2. F GGE SM2K 52674 & GGC 48416/17 — Toronto, 5. Februar 1975* + Roxolana Roslak, Sopran
– Violinsonate Es-Dur op. 18
  1. F GGC 48413/15 — Toronto, 1. – 4. September 1962 (1. Satz) + Oscar Shumsky, Violine
– »Wer lieben will, muß leiden« op. 49 Nr. 7
  1. S** — New York, 15. Januar 1966 + Elisabeth Schwarzkopf, Sopran
– »Winterweihe« op. 48 Nr. 4
  1. S** — New York, 17. Januar 1966 + Elisabeth Schwarzkopf, Sopran

[** = von Elisabeth Schwarzkopf nicht zur Veröffentlichung freigegeben]

Jan Pieterszoon Sweelinck (1562 – 1621)

– *Fantasia* d-moll

1. R		Toronto, 21. Oktober 1952
2. K	Sony SMK 53474	Salzburg, 25. August 1959
3. F		Toronto, 10. November 1960
4. F	GGE SMK 52589 & GGC 48404/05	Toronto, 23. – 24. April 1964

Sergej Tanejew (1856 – 1915)

– *Die Geburt der Harfe* (Bearbeitung von Arthur Hartmann)

1. S	LP TV-34729X	Toronto, 1951 *[Hallmark]* + Albert Pratz, Violine

Peter Tschaikowsky (1840 – 1893)

– *Romeo und Julia*, Fantasie-Ouvertüre (Klavier-Transkription von Glenn Gould)

1. F		Toronto, 18. – 19. September 1961 (Ausschnitt)

Fartein [Olav] Valen (1887 – 1952)

Klaviersonate Nr. 2 op. 38

1. R	GGE SMK 52677	Toronto, 18. Juli 1972

Richard Wagner (1813 – 1883)

– *Die Götterdämmerung:* »Tagesgrauen« (Klavier-Transkription)

1. S	GGE SMK 52650	Toronto, 3. Februar – 14. Mai 1973

– *Die Götterdämmerung:* »Siegfrieds Rheinfahrt« (Klavier-Transkription)

1. S	GGE SMK 52650	Toronto, 3. Februar – 14. Mai 1973

– *Die Meistersinger von Nürnberg:* Vorspiel zum I. Akt (Klavier-Transkription)

1. S	GGE SMK 52650	Toronto 3. Februar – 14. Mai 1973
2. F		Toronto 1974 (Ausschnitt)

– *Siegfried-Idyll* (Klavier-Transkription)

1. S	GGE SMK 52650	Toronto, 3. Februar – 14. Mai 1973
2. R		Toronto, 27. Februar 1973

– *Siegfried-Idyll* (13 Instrumente)

1. S	GGE SMK 52650	Toronto (?), 27. Juli – 8. September 1982 Terry Holowach und Mark Skazinetsky, Violine / Larry Toman, Viola / Ronald Laurie, Violoncello / Charles Elliott, Kontrabaß / Suzanne Shulman, Flöte / Richard Dorsey, Oboe / Timothy Maloney, Joaquin Valdepenas und John Fetherston, Klarinette / Stephen Mosher, Fagott / Scott Wilson und Richard Cohen, Horn / John Cowell, Trompete; Leitung: Glenn Gould

William Walton (1902 – 1983)

– *Façade*

1. F	GGC 48401/02	Toronto, 26. November 1975* *(Scottish Rhapsody)* Patricia Rideout und Glenn Gould, Rezitation; Ensemble NN., Leitung: Boris Brott

Carl Maria von Weber (1786 – 1826)

– Konzertstück f-moll für Klavier und Orchester op. 79

1. R	Music & Arts 694	Toronto, 6. März 1951 + Toronto Symphony Orchestra, Sir Ernest MacMillan

Anton Webern (1883 – 1945)

– Konzert für neun Instrumente op. 24

1. F	GGE SMK 52661	Toronto, 14. Dezember 1977* + Instrumental-Ensemble NN., Leitung: Boris Brott

– *Passacaglia* op. 1 (Klavier-Transkription)

1. K	LDC 278. 799	Moskau, 12. Mai 1957 (Ausschnitt)

– Variationen op. 27

1. K	LDC 278. 799	Moskau, 12. Mai 1957
2. F	GGC 48410/12	Toronto, 23. – 24. April 1964
4. F	GGE SMK 52661	Toronto 1974

KONZERT-REPERTOIRE

(soweit nicht in der Diskographie enthalten) mit Datum und Ort der jeweils ersten nachweisbaren Aufführung

Johann Sebastian Bach (1685 – 1750)

– Vier Choralvorspiele für Orgel [keine näheren Angaben]
  Toronto, 8. Juni 1947
– Fantasie und Fuge c-moll für Orgel BWV 562
  Toronto, 16. Februar 1945
– Klavierkonzert Nr. 6 F-Dur BWV 1057
  Stratford, 7. Juli 1963
  + National Festival Orchestra, Mario Bernardi
– *Das Musikalische Opfer* BWV 1079
  Stratford, 8. Juli 1962

Ludwig van Beethoven (1770 – 1827)

- Klaviersonate Nr. 26 Es-Dur op. 81 a, *Les Adieux*
  Toronto, 6. März 1949
- Konzert C-Dur für Klavier, Violine, Violoncello und Orchester op. 56
  St. Louis, 11. Februar 1961
  + Harry Farbman, Violine / Leslie Parnas, Violoncello / St. Louis Symphony Orchestra, Edouard van Remoortel

Johannes Brahms (1833 – 1897)

- Klaviertrio Nr. 3 c-moll op. 101
  Stratford, 16. Juli 1961
  + Oscar Shumsky, Violine / Leonard Rose, Violoncello
- Violinsonate Nr. 1 G-Dur op. 78
  Stratford, 16. Juli 1961
  + Oscar Shumsky, Violine
- Violoncellosonate Nr. 1 e-moll op. 38
  Stratford, 16. Juli 1961
  + Leonard Rose, Violoncello

Frédéric Chopin (1810 – 1849)

- Étude E-Dur op. 10 Nr. 3
  Toronto, 22. Juni 1945
- Étude cis-moll op. 10 Nr. 4
  Toronto, 1. September 1950
- Étude C-Dur op. 10 Nr. 7
  Toronto, 4. November 1948
- Impromptu Nr. 2 Fis-Dur op. 36
  Toronto, 22. Juni 1945
- Valse As-Dur op. 42
  Toronto, 20. Oktober 1947
- Valse e-moll op. posth.
  Toronto, 10. April 1946

François Couperin (1668 – 1733)

- *Passacaille* (Bearbeitung von Alberto Guerrero)
  Toronto, 10. Oktober 1947

Carl Czerny (1791 – 1857)

- *Variationen über ein Thema von Rode* op. 33
  Toronto, 4. November 1948

Thomas Sanders Dupuis (1733 – 1796)

- Concerto für Orgel G-Dur [keine näheren Angaben]
  Toronto, 16. Februar 1945 (ein Satz)

Michail Glinka (1804 – 1857)

- *Trio pathétique* d-moll
  Stratford, 28. Juli 1963
  + Oscar Shumsky, Violine / Sol Schoenbach, Fagott

Glenn Gould (1932 – 1982)

- Five Piano Pieces
  Toronto, 4. Januar 1951
- Sonate für Fagott und Klavier
  Toronto, 4. Januar 1951
  + Nicholas Kilburn

Franz Liszt (1811 – 1886)

- *Années de pèlerinage I: »Au bord d'une source«*
  Toronto, 20. Oktober 1947
- *Valse oubliée* [keine näheren Angaben]
  Toronto, 22. Juni 1945

Edward MacDowell (1860 – 1908)

- *Woodland Sketch* op. 51 Nr. 1: *»To a Wild Rose«* (für Orgel)
  Toronto, 11. November 1948

Felix Mendelssohn-Bartholdy (1809 – 1847)

- *Andante und Rondo capriccioso* op. 14
  Toronto, 10. April 1947
- Klaviertrio Nr. 1 d-moll op. 49
  Stratford, 5. August 1962
  + Oscar Shumsky, Violine / Leonard Rose, Violoncello
- Lieder [keine näheren Angaben]
  Stratford, 5. August 1962
  + Léopold Simoneau, Tenor
- Orgelsonate Nr. 1 f-moll op. 65 Nr. 1
  Toronto, 3. Februar 1946
- Orgelsonate Nr. 6 d-moll op. 65 Nr. 6
  Toronto, 12. Dezember 1945

Sergej Prokofjew (1891 – 1953)

- Violinsonate Nr. 2 D-Dur op. 94a
  Stratford, 28. Juli 1963
  + Oscar Shumsky, Violine

Domenico Scarlatti (1685 – 1757)

- Fünf Sonaten [keine näheren Angaben, möglicherweise z. T. identisch mit den oben erwähnten]
  Toronto, 20. Oktober 1947
- Zwei Sonaten [keine näheren Angaben, möglicherweise z. T. identisch mit den oben erwähnten]
  Toronto, 6. März 1949

Richard Strauss (1864 – 1949)

- *Capriccio* (Bearbeitung von Glenn Gould)
  Stratford, 23. Juli 1961
  + Ellen Faull, Sopran / Victor Braun, Bariton / Oscar Shumsky, Violine

Literatur

Glenn Goulds eigene Schriften

John McGreevy (Hg.): *Glenn Gould Variations* (mit Beiträgen von H. v. Karajan, J. McGreevy, L. Bernstein, G. Gould, G. Payzant, R. Kostelanetz u. a.), Toronto & New York 1983

Bruno Monsaingeon (Hg.): *Glenn Gould, Le dernier puritain,* Paris 1983

Bruno Monsaingeon (Hg.): *Glenn Gould, Contrepoint à la ligne,* Paris 1985

Bruno Monsaingeon (Hg.): *Glenn Gould. Non, je ne suis pas du tout un excentrique,* Paris 1986

Tim Page (Hg.): *The Glenn Gould Reader,* New York 1984
deutsch: *Glenn Gould: Von Bach bis Boulez,* München 1986 (Teil I)
und *Glenn Gould: Vom Konzertsaal zum Tonstudio,* München 1987 (Teil II)

Schriften über Glenn Gould

Thomas Bernhard: *Der Untergeher,* Frankfurt a. M. 1983

Jock Carroll: *Glenn Gould – Some Portraits of the Artist as a Young Man,* Toronto 1995
deutsch: *Glenn Gould – Einige Portraits des Künstlers als junger Mann,* München 1995

Jonathan Cott: *Telefongespräche mit Glenn Gould,* Frankfurt a. M. 1995

Otto Friedrich: *Glenn Gould – A Life and Variations,* New York 1980
deutsch: *Glenn Gould – Eine Biographie,* Reinbek 1991

Erich Fromm: *The Anatomy of Human Destructiveness,* New York 1973
deutsch: *Die Anatomie der menschlichen Destruktivität,* Stuttgart 1974

»Mythos Glenn Gould. Die Wahrheit und andere Lügen«, in: *du. Die Zeitschrift der Kultur,* Zürich 4/1990 (mit Beiträgen von J. Kaiser, M. Meyer, P. Bachmann, S. Zweifel, B. Rzehulka, M. Eicher, Y. Menuhin, E. Schwarzkopf u. a.)

Ghyslaine Guertin: *Glenn Gould Pluriel,* Verdun/Quebec 1988

Jens Hagestedt: *Wie spielt Glenn Gould?,* Gauting 1991

Cornelis Hofmann (Hg.): *Bulletins of The Glenn Gould Society,* Vol. I–XII (bisher 23 Hefte), Groningen 1984–1995

Andrew Kazdin: *Glenn Gould At Work – Creative Lying,* New York 1989
deutsch: *Glenn Gould. Ein Porträt,* Zürich 1990

Paul Myers: *»Glenn Gould«,* in: *The Gramophone,* Februar 1973

Geoffrey Payzant: *Glenn Gould – Music & Mind,* Toronto 1978

Michel Schneider: *Glenn Gould piano solo – Aria et trente variations,* Paris 1988

Michael Stegemann: *Glenn Gould. Leben und Werk,* München 1992
(enthält vollständige Liste des gesamten bis zur Drucklegung vorliegenden Schrifttums über Gould inklusive aller Einzelveröffentlichungen, Rundfunk- und Fernsehsendungen des Autors Gould sowie eine komplette Disko- und Videographie des Pianisten)

Bildnachweis

© 1995 by Bettmann Archive: 15, 43 – © 1995 by Jock Caroll: Frontispiz, 26, 27, 28, 29, 30, 31, 32, 33, 34, 35, 36, 37, 38, 39, 40, 41, 42, 54, 55 – © 1995 by *Du*: 3 – © 1995 by Das Fotoarchiv/Black Star: 58, 59, 60, 61, 62 – © 1995 by Bruno Monsaingeon: 1, 2, 8, 9, 10, 13, 14, 44, 51, 56, 64, 68, 72, 84, 85, 86, 90 – © 1995 by Arnold Newman: 53 – © 1995 by Sony Classical: 4, 5, 6, 7, 12, 16, 17, 18, 19, 20, 23, 24, 25, 45, 46, 48, 49, 50, 52, 57, 63, 65, 66, 67, 69, 70, 78, 79, 80, 81, 82, 87, 88 – © 1995 by *Stern*/Cornelius Meffert: 71, 73, 74, 75, 76, 77 – © 1995 by Süddeutscher Verlag: 47, 83 – © 1995 by Time Inc.: 11, 21, 22 (Photographs by Gordon Parks for *Life Magazine*), 89 (Photograph by Alfred Eisensteadt for *Life Magazine*).

Es war uns nicht in allen Fällen möglich, die Urheberberechtigten an den photographischen Bildwerken dieses Buches zu ermitteln. Der Verlag ist jedoch bereit, berechtigte Ansprüche abzugelten.